QUEM TEM MEDO DA MORTE?

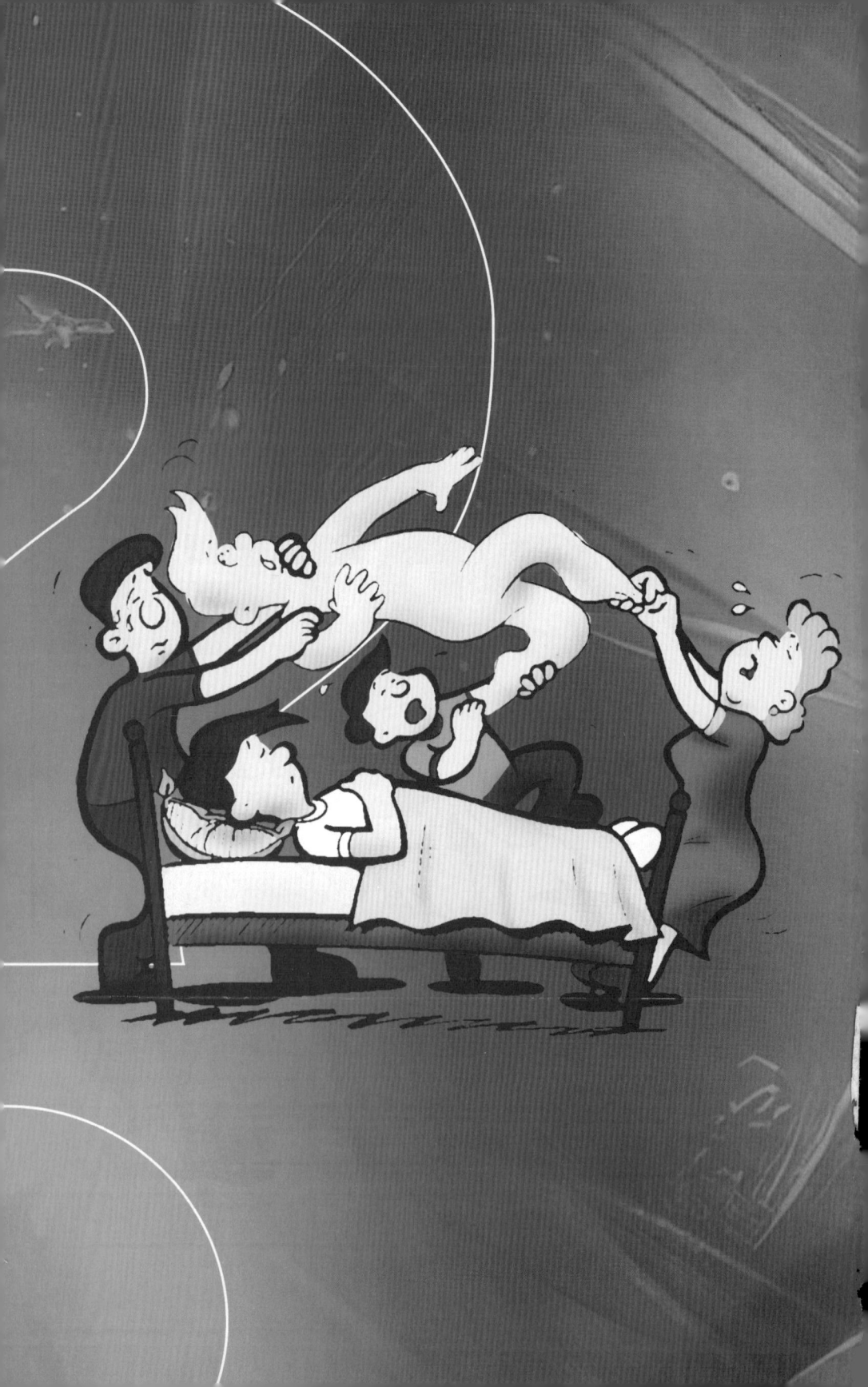

QUEM TEM MEDO DA MORTE?

RICHARD SIMONETTI

Copyright © 2023 by
FEDERAÇÃO ESPÍRITA BRASILEIRA – FEB

Direitos licenciados pelo Centro Espírita Amor e Caridade
CENTRO ESPÍRITA AMOR E CARIDADE – CEAC
Rua Sete de Setembro, 8-30 – Centro
CEP 17015-031 – Bauru (SP) – Brasil

1ª edição – 1ª impressão – 3 mil exemplares – 10/2023

ISBN 978-65-5570-581-2

Todos os direitos reservados. Nenhuma parte desta publicação pode ser reproduzida, armazenada ou transmitida, total ou parcialmente, por quaisquer métodos ou processos, sem autorização do detentor do *copyright*.

FEDERAÇÃO ESPÍRITA BRASILEIRA – FEB
SGAN 603 – Conjunto F – Avenida L2 Norte
70830-106 – Brasília (DF) – Brasil
www.febeditora.com.br
editorial@febnet.org.br
+55 61 2101 6161

Pedidos de livros à FEB
Comercial
Tel.: (61) 2101 6161 – comercial@febnet.org.br

Dados Internacionais de Catalogação na Publicação (CIP)
(Federação Espírita Brasileira – Biblioteca de Obras Raras)

S598q   Simonetti, Richard, 1935-2018

            Quem tem medo da morte? / Richard Simonetti; [ilustrações de Celso da Silva] – 1. ed. – 1. imp. - Brasília: FEB; Bauru: CEAC, 2023.

            168 p.; 23cm

            Inclui índice geral

            ISBN 978-65-5570-581-2

            1. Espiritismo. 2. Morte. 3. Morte — Corpo espiritual — Problemas de desligamento. 3. Aborto. 4. Suicídio. 5. Eutanásia. 6. Cremação. 7. Desastres fatais. 8. Cemitério — Velório. 9. Premonição. 10. Transplantes de órgãos. I. Federação Espírita Brasileira. II. Título.

                                                             CDD 133.9
                                                             CDU 133.7
                                                             CDE 30.01.00

Olhemos para os mortos como para os ausentes; pensando assim, não nos enganaremos.

(SÊNECA)

A morte não é mais do que o regresso à verdadeira vida.

(SCIPIÃO)

Nada perece e nada morre, a não ser o revestimento, a forma, o invólucro carnal, em que o Espírito, encarcerado, se debate, luta, sofre, aperfeiçoa-se. Morre a forma – essa carcaça – mas rebrilha a alma – esse gnomo de luz; e o que é essa existência do corpo – um sopro – perante a existência da alma – a eternidade? Mortos andamos nós, os vivos; mortos na vida, para ressurgir vivos na morte.

(ALBERTO VEIGA)

SUMÁRIO

Reunião concorrida 9
1 | Bico de luz 13
2 | O corpo espiritual 17
3 | Concurso espiritual 23
4 | Desligamento 27
5 | Balanço 31
6 | Dificuldades do retorno 35
7 | A melhora da morte .39
8 | Recurso infalível 43
9 | As delongas do desligamento. 47
10 | Tragédias 51
11 | Fuga comprometedora 55
12 | Morte de crianças 61
13 | Por que morrem as flores 65
14 | Aborto 69
15 | Consciência do erro .75
16 | Solução infeliz 79
17 | Velho trauma. 85
18 | Chegou a hora? 89
19 | Jogo perigoso. 93
20 | Velório. 97
21 | Velório ideal 101
22 | Em favor dele 105
23 | A veste no guarda-roupa. 109

24 | Avisos do além 113
25 | Estranho culto 117
26 | Flores de saudade 121
27 | Cremação 125
28 | Transplantes 129
29 | Abençoada caridade .135
30 | Curiosa obsessão 141
31 | O mais importante 145
32 | Raízes de estabilidade 149
33 | Joias devolvidas 153
34 | Passaporte 159
Índice Geral 164

REUNIÃO
CONCORRIDA

● ● ● ● ● ● ● ●

> *Para libertar-se do temor da morte, é mister poder encará-la sob o seu verdadeiro aspecto. Isto é, ter penetrado, pelo pensamento, no mundo espiritual, fazendo dele uma ideia tão exata quanto possível.*
>
> **ALLAN KARDEC**

Numa palestra, há alguns anos, no Centro Espírita "Amor e Caridade", de Bauru, falei sobre a morte.

O trabalho estava dividido em duas partes. Inicialmente, o tema foi exposto na forma de uma história ilustrada com *slides*, preparados por Mizael Garbin, dedicado companheiro espírita da cidade de Mairinque. Na segunda parte, respondi perguntas.

Surpreendeu-me o interesse dos presentes. Dezenas de indagações foram formuladas. O mais incrível é que a palestra tem sido reprisada anualmente, no mesmo local, com afluência crescente de público. Perto de 750 pessoas compareceram à última apresentação.

O mesmo fenômeno em outras cidades. Muita gente, muitas perguntas. Algumas repetem-se, independentemente do tamanho da localidade, estado ou região, relacionadas com suicídio, acidentes fatais, desligamento, desencarne de crianças, doação de órgãos, cremação, cemitério, eutanásia, aborto, assassinato, imprudência, vício, premonição...

Então, surgiu a ideia de escrever este livro, no qual as questões mais frequentes fossem abordadas. Uma espécie de cartilha de iniciação ao conhecimento da morte, algo que interessasse a toda gente, independentemente de crença, já que ninguém se eximirá de um contato direto ou indireto com ela, envolvendo seu próprio falecimento ou de um familiar.

Em face de limitações pessoais, mas também para torná-lo acessível a qualquer leitor, evitamos a conceituação eminentemente técnica, bem como a abordagem erudita.

No essencial, entretanto, guardamos fidelidade aos princípios da Doutrina Espírita, a abençoada fonte onde colhemos a orientação precisa para enfrentar as dificuldades da vida e os enigmas da morte.

Quanto ao mais, ficarei muito feliz se esta cartilha ajudar alguém a "matar" a morte, superando temores e dúvidas com a compreensão de que ela apenas transfere nossa residência para o plano espiritual.

RICHARD SIMONETTI

Bauru (SP), junho de 1986.

1
BICO DE LUZ
● ● ● ● ● ●

Um homem transitava por estrada deserta, altas horas. Noite escura, sem luar, estrelas apagadas... Seguia apreensivo. Por ali ocorriam, não raro, assaltos... Percebeu que alguém o acompanhava.

– Olá! Quem vem aí? – perguntou, assustado.

Não obteve resposta. Apressou-se, no que foi imitado pelo perseguidor. Correu... O desconhecido também. Apavorado, em desabalada carreira, tão rápido quanto suas pernas o permitiam, coração a galopar no peito, pulmões em brasa, passou diante de um bico de luz. Olhou para trás e, como por encanto, o medo desvaneceu-se. Seu perseguidor era apenas um velho burro, acostumado a acompanhar andarilhos.

A história se assemelha ao que ocorre com a morte. A imortalidade é algo intuitivo na criatura humana. No entanto, muitos têm medo porque desconhecem inteiramente o processo e o que os espera na espiritualidade.

As religiões, que deveriam preparar os fiéis para a vida além-túmulo, conscientizando-os da sobrevivência e descerrando a cortina que separa os dois mundos, pouco fazem nesse sentido, porquanto limitam-se a incursões pelo terreno da fantasia.

O Espiritismo é o "bico de luz" que ilumina os caminhos misteriosos do retorno, afugentando temores irracionais e constrangimentos perturbadores. Com a Doutrina Espírita, podemos encarar a morte com serenidade, preparando-nos para enfrentá-la. Isso é muito importante, fundamental mesmo, já que se trata da única certeza da existência humana: todos morreremos um dia!

A Terra é uma oficina de trabalho para os que desenvolvem atividades edificantes, em favor da própria renovação; um hospital para os que corrigem desajustes nascidos de viciações pretéritas; uma prisão, em expiação dolorosa, para os que resgatam débitos relacionados com crimes cometidos em existências anteriores; uma escola para os que já compreendem que a vida não é mero acidente biológico, nem a existência humana uma simples jornada recreativa; mas não é o nosso lar. Este está no plano espiritual, onde podemos viver em plenitude, sem as limitações impostas pelo corpo carnal.

Compreensível, pois, que nos preparemos, superando temores e dúvidas, inquietações e enganos, a fim de que, ao chegar nossa hora, estejamos habilitados a um retorno equilibrado e feliz.

O primeiro passo nesse sentido é o de tirar da morte o aspecto fúnebre, mórbido, temível, sobrenatural... Há condicionamentos milenares nesse sentido. Há pessoas que simplesmente se recusam a conceber o falecimento de um familiar ou o seu próprio. Transferem o assunto para um futuro remoto! Por isso se desajustam quando chega o tempo da separação.

"Onde está, ó morte, o teu aguilhão?" – pergunta o apóstolo Paulo (I Cor 15: 55), a demonstrar que a fé supera os temores e angústias da grande transição. O Espiritismo nos oferece recursos para encarar a morte com idêntica fortaleza de ânimo, inspirados, igualmente, na fé. Uma fé que não é arroubo de emoção. Uma fé lógica, racional, consciente. Uma fé inabalável de quem conhece e sabe o que o espera, esforçando-se para que o espere o melhor.

2
O CORPO ESPIRITUAL

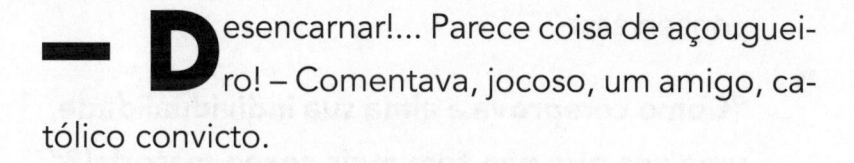

– **D**esencarnar!... Parece coisa de açougueiro! – Comentava, jocoso, um amigo, católico convicto.

E eu, no mesmo tom:

– O açougueiro descarna. A gente desencarna, sai da carne. Aliás, você é tão magro que provavelmente vai desensossar, sair dos ossos.

Curiosa a resistência à expressão desencarnar. Compreensível que o materialista não a aceite. Afinal, para ele tudo termina no túmulo... O mesmo não deveria ocorrer com as pessoas que aceitam a sobrevivência, adeptos de qualquer religião. Se concebemos que a individualidade sobrevive à morte física, ela se impõe para definir o processo que libera o Espírito da carne.

Imperioso, para uma compreensão melhor do assunto, considerar a existência do corpo espiritual ou perispírito, conforme explicam as questões 150 e 150-a, de *O livro dos espíritos*:

"A alma, após a morte, conserva a sua individualidade?"

"Sim, jamais a perde. Que seria ela, se não a conservasse?"

"Como comprova a alma sua individualidade, uma vez que não tem mais corpo material?"

"Continua a ter um fluído que lhe é próprio, haurido na atmosfera do seu planeta, e que guarda a aparência de sua última encarnação: seu perispírito."

São bem esclarecedoras, também, as questões 135 e 135-a:

"Há no homem alguma outra coisa além da alma e do corpo?"

"Há o laço que liga a alma ao corpo."

"De que natureza é esse laço?"

"Semimaterial, isto é, de natureza intermédia entre o Espírito e o corpo. É preciso que seja assim para que os dois se possam comunicar um com o outro. Por meio desse laço é que o Espírito atua sobre a matéria e reciprocamente."

Comenta Kardec:

> *O homem é, portanto, formado de três partes essenciais:*
> *1.º – O corpo ou ser material, análogo ao dos animais e animado pelo mesmo princípio vital;*
> *2.º – A alma, espírito encarnado que tem no corpo a sua habitação.*
> *3.º – O princípio intermediário, ou perispírito, substância semimaterial que serve de primeiro envoltório ao Espírito e liga a alma ao corpo. Tais, num fruto, o gérmen, o perisperma e a casca.*

Desde os tempos mais recuados, os estudiosos admitem a existência de um corpo extracarnal, veículo de manifestação do Espírito no plano em que atua (no plano físico, ligando-o à carne; no plano espiritual, compatibilizando-o com as características e os seres da região onde se situe).

O apóstolo Paulo se reporta ao perispírito quando diz, na II *Epístola aos coríntios* (12: 2 a 4): "Conheço um homem em Cristo, que há 14 anos (se no corpo não sei, se fora do corpo não sei; Deus o sabe), foi arrebatado até ao terceiro céu. E sei que o tal homem foi arrebatado ao paraíso e ouviu palavras inefáveis, de que ao homem não é lícito falar".

Enquanto a máquina física dormia, atendendo aos imperativos de descanso, Paulo, em corpo espiritual, deslocava-se rumo às Esferas Superiores, conduzido por mentores amigos, a fim de receber preciosas orientações. Tentando, talvez, definir a natureza de sua experiência, ele comenta, na I *Epístola aos coríntios* (15:40): "Há corpos celestes e corpos terrestres".

Semelhantes deslocamentos não constituem privilégio dos santos. Todas as criaturas humanas o fazem, diariamente, durante o sono, com registros fugazes e fragmentários na forma de sonhos. Considere-se, entretanto, que a natureza dessas excursões é determinada pelas atividades na vigília. Por isso, o homem comum, preso a interesses imediatistas, configurando prazeres, vícios e ambições, a par de uma total indiferença pelo autoaprimoramento espiritual e a disciplina das emoções, não tem a mínima condição para experiências sublimes como a de Paulo.

Todos "morremos", diariamente, durante o sono. Mas, para transitar com segurança e lucidez nas regiões além-túmulo, nessas horas, aproveitando integralmente as oportunidades de aprendizado, trabalho e edificação, é preciso cultivar os valores do Espírito durante a vigília. Caso contrário, estaremos tão à vontade no Plano Espiritual como peixes fora d'água.

3
CONCURSO
ESPIRITUAL
● ● ● ● ● ●

A expressão "desligamento" define bem o processo desencarnatório. Para que o espírito se liberte, deve ser desligado do corpo físico, já que permanecemos jungidos a ele por cordões fluídicos que sustentam nossa comunhão com a matéria.

Observadas as necessidades de especialização, como ocorre em qualquer atividade humana, há técnicos que se aproximam do desencarnante, promovendo, com recursos magnéticos, sua liberação. Somente indivíduos muito evoluídos, com grande desenvolvimento mental e espiritual, prescindem desse concurso. Isso significa que sempre contaremos com ajuda especializada na grande transição, a par da presença de amigos e familiares que nos antecederam.

Naturalmente, o apoio maior ou menor da Espiritualidade está subordinado aos méritos do desencarnante. Se virtuoso e digno, merecerá atenção especial, e, tão logo seja consumada a desencarnação, será conduzido a instituições assistenciais que favorecerão sua readaptação à Vida Espiritual. Já os que se comprometeram com o vício e o crime, despreocupados da disciplina e do discernimento, serão desligados no momento oportuno, mas permanecerão entregues à própria sorte, estagiando por tempo indeterminado no Umbral, faixa escura que circunda a Terra, formada pelas vibrações mentais de multidões de espíritos encarnados e desencarnados dominados, ainda, por impulsos primitivos de animalidade.

A tradição religiosa consagrou a extrema unção, em que um oficiante, com ritos e rezas, promove a absolvição do moribundo em relação aos seus pecados, antecedida, sempre que possível, da confissão, garantindo-lhe um ingresso feliz no Além.

No entanto, a realidade mostrada pela Doutrina Espírita é bem diferente. Fórmulas verbais e ritualísticas não têm repercussão nenhuma nos domínios da Morte. O mesmo ocorre com o arrependimento formal, que reflete muito mais temor das sanções Além-túmulo do que a consciência da própria indigência espiritual.

O filho pródigo, na inesquecível parábola de Jesus, permaneceu à distância do conforto do lar, em angustiante situação, até que "caiu em si", reconhecendo que vivia miseravelmente, enfrentando privações que não existiam nem mesmo para os servos mais humildes na casa paterna. Dispôs-se, então, a encetar a longa jornada de retorno. Para surpresa sua, foi recebido com júbilo imenso por seu pai.

Filhos de Deus, criados à Sua imagem e semelhança, dotados de Suas potencialidades criadoras, intrinsecamente destinados ao Bem, candidatamo-nos a longos estágios em regiões de sofrimento, além-túmulo, sempre que nos comprometamos com o Mal, até que, à semelhança do filho pródigo, reconheçamos nossa miséria moral e, sinceramente contritos, retornemos aos caminhos do Senhor, iniciando laboriosa jornada de renovação.

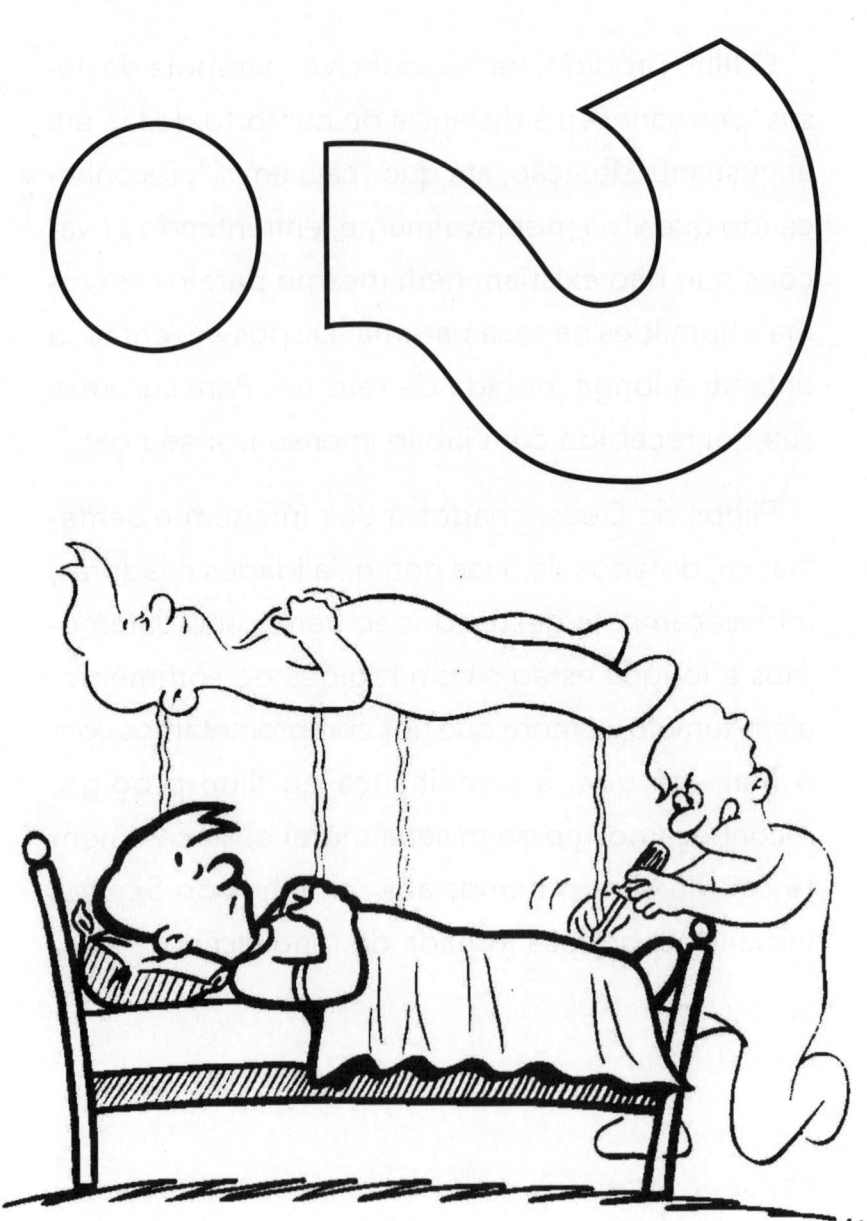

4
DESLIGAMENTO
● ● ● ● ● ● ● ● ●

A desencarnação, a maneira como o Espírito, com seu revestimento perispiritual, deixa o corpo, é inacessível à Ciência da Terra, em seu estágio atual de desenvolvimento, porquanto ocorre na dimensão espiritual, que nenhum instrumento científico, por mais sofisticado, tem conseguido devassar.

Ficamos, portanto, circunscritos às informações dos espíritos, que esbarram nas dificuldades impostas por nossas limitações (algo como explicar o funcionamento do sistema endócrino a uma criança), e pela ausência de similitude (elementos de comparação entre os fenômenos biológicos e os espirituais).

Sem entrar, portanto, em detalhes técnicos, poder-se-ia dizer que o desencarne[1] começa pelas

---

[1] N.E.: O Vocabulário Ortográfico da Língua Portuguesa (VOLP) registra oficialmente o substantivo *desencarnação*. Optou-se por manter os vocábulos *desencarne* (14 ocorrências) e *desencarnação* (17 ocorrências), conforme apresentados originalmente pelo autor.

extremidades e vai se completando à medida que são desligados os cordões fluídicos que prendem o Espírito ao corpo.

Sabe-se que o moribundo apresenta mãos e pés frios, um fenômeno circulatório, porquanto o coração enfraquecido não consegue bombear adequadamente o sangue. Mas é também um fenômeno de desligamento. Na medida em que este se desenvolve, as áreas correspondentes deixam de receber a energia vital que emana do Espírito e sustenta a organização física.

No desdobramento desse processo, quando é desligado o cordão fluídico que prende o Espírito ao corpo, à altura do coração, este perde a sustentação perispiritual e deixa de funcionar. Cessa, então, a circulação sanguínea e a morte se consuma em poucos minutos.

A Medicina dispõe hoje de amplos recursos para reanimar o paciente quando o coração entra em colapso. A massagem cardíaca, o choque elétrico, a aplicação intracardíaca de adrenalina têm salvado milhares de vidas, quando aplicados imediatamente, antes que se degenerem as células cerebrais por falta de oxigenação.

Tais socorros são eficientes quando se trata de mero problema funcional, como o enfarte, um estrangulamento da irrigação sanguínea em determinada área do coração, em virtude de trombo ou de estreitamento da artéria. O enfarte pode implicar em desencarne, mas nem sempre significa que chegou a hora da morte, tanto que são frequentes os casos em que a assistência médica recupera o paciente.

Se, entretanto, a parada cardíaca for determinada pelo desligamento do cordão fluídico, nenhum médico, por mais hábil, nenhum recurso da Medicina, por mais eficiente, operará o prodígio de reanimá-lo. O processo se torna irreversível.

5
BALANÇO
● ● ● ● ●

A iminência da morte dispara um curioso processo de reminiscência. O moribundo revive, em curto espaço de tempo, as emoções de toda a existência, que se sucedem em sua mente como um prodigioso filme com imagens projetadas em velocidade vertiginosa.

É uma espécie de balanço existencial, um levantamento de débito e crédito na contabilidade divina, definindo a posição do Espírito ao retornar à Espiritualidade, em face de suas ações boas ou más, considerando-se que poderão favorecê-lo somente os valores que "as traças não roem nem os ladrões roubam", a que se referia Jesus, conquistados pelo esforço do Bem.

Trata-se de um mecanismo psicológico automático que pode ser disparado na intimidade da consciência, sem que a morte seja consumada. São frequentes os casos em que o "morto" ressuscita, espontaneamente ou mediante a mobilização de recursos variados.

Há médicos que vêm pesquisando o assunto, particularmente nos Estados Unidos, onde se destaca o doutor Raymond A. Moody Junior, que, no livro *Vida depois da vida*, descreve experiências variadas de pessoas declaradas clinicamente mortas.

Vale destacar que esses relatos confirmam as informações da Doutrina Espírita. Os entrevistados reportam-se ao "balanço" de suas existências. Abordam, também, temas familiares aos espíritas, como: corpo espiritual ou perispírito; a dificuldade de perceber a condição de "morto"; o contato com benfeitores espirituais e familiares; a facilidade em "sentir" o que as pessoas estão pensando; a possibilidade de volitar, com incrível sensação de leveza; a visão dos despojos carnais e as impressões extremamente desagradáveis dos que tentaram o suicídio.

As pesquisas revelaram que tais fenômenos são frequentes, envolvendo pacientes variados, e que estes geralmente silenciam a respeito, temendo ser julgados mentalmente debilitados.

Em *O evangelho segundo o espiritismo,* Allan Kardec comenta que a universalidade dos princípios espíritas (concordância nas manifestações dos Espíritos, obtidas através de múltiplos médiuns em diversos países), garante sua autenticidade, já que seria impossível uma coincidência tão generalizada.

Da mesma forma, a autenticidade das pesquisas do Dr. Moody é demonstrada estatisticamente pelos relatos de centenas de pacientes que retornaram do Além, abordando os mesmos aspectos a que nos referimos, não obstante professarem diferentes concepções religiosas, situarem-se em variadas posições culturais e sociais e residirem em regiões diversas.

A experiência de reviver a própria existência em circunstâncias dramáticas pode representar para o redivivo uma preciosa advertência, conscientizando-o de que é preciso investir na própria renovação, a fim de não se situar "falido" no Plano Espiritual, quando efetivamente chegar sua hora.

6
DIFICULDADES DO RETORNO

● ● ● ● ●

A progressiva debilidade do paciente, levando-o à inconsciência, representa uma espécie de anestesia geral para o espírito que, com raras exceções, dorme para morrer, não tomando conhecimento da grande transição.

Indivíduos equilibrados, com ampla bagagem de realizações no campo do Bem, superam a "anestesia da morte", e podem perfeitamente acompanhar o trabalho dos técnicos espirituais. Isso poderá ocasionar-lhes algum constrangimento, como um paciente que presenciasse delicada intervenção cirúrgica em si mesmo, mas lhes favorecerá a integração na vida espiritual. Consumado o desligamento, situar-se-ão plenamente conscientes, o que não ocorre com o homem comum que, dormindo para morrer, sente-se aturdido ao despertar, empolgado por impressões da vida material, particularmente aquelas relacionadas com as circunstâncias do desencarne.

Companheiros familiarizados com as manifestações de espíritos sofredores, em reuniões mediúnicas, conhecem bem esse problema. Os comunicantes geralmente ignoram sua nova condição, queixam-se do descaso dos familiares, que não lhes dão atenção, sentindo-se perturbados e aflitos. Despreparados para a grande transição, não conseguem libertar-se das experiências da vida material, situam-se como peixes fora d'água ou, mais exatamente, como estranhos doentes mentais, vivendo num mundo de fantasia, na intimidade de si mesmos.

A dissipação desse turvamento mental pede concurso do Tempo. O amparo dos benfeitores espirituais e as preces de familiares e amigos podem apressar o esclarecimento, mas, fundamentalmente, este estará subordinado ao seu grau de comprometimento com as fantasias humanas e à capacidade de assimilar as novas realidades.

O despreparo para a Morte caracteriza multidões que regressam todos os dias, sem a mínima noção do que as espera, após decênios de indiferença pelos valores mais nobres. São pessoas que jamais meditaram sobre o significado da jornada terrestre, de onde vieram, porque estão no Mundo, qual o seu destino. Sem a bússola da fé e a bagagem das boas ações, situam-se perplexas e confusas.

Nesse aspecto, forçoso reconhecer no Espiritismo um abençoado curso de iniciação às realidades além-túmulo. O espírita, em face das informações amplas e precisas que recebe, certamente aportará com maior segurança no continente invisível, sem grandes problemas para identificar a nova situação, embora tais benefícios não lhe confiram o direito de ingresso em comunidades venturosas. Isso dependerá do que fez e não do que sabe.

O "balanço da morte" definirá se temos condições para "pagar" o ingresso em regiões alcandoradas com a moeda da virtude, e o espírita certamente será convocado a desembolsar o "ágio do conhecimento", partindo-se do princípio lógico: mais se pedirá a quem mais houver recebido.

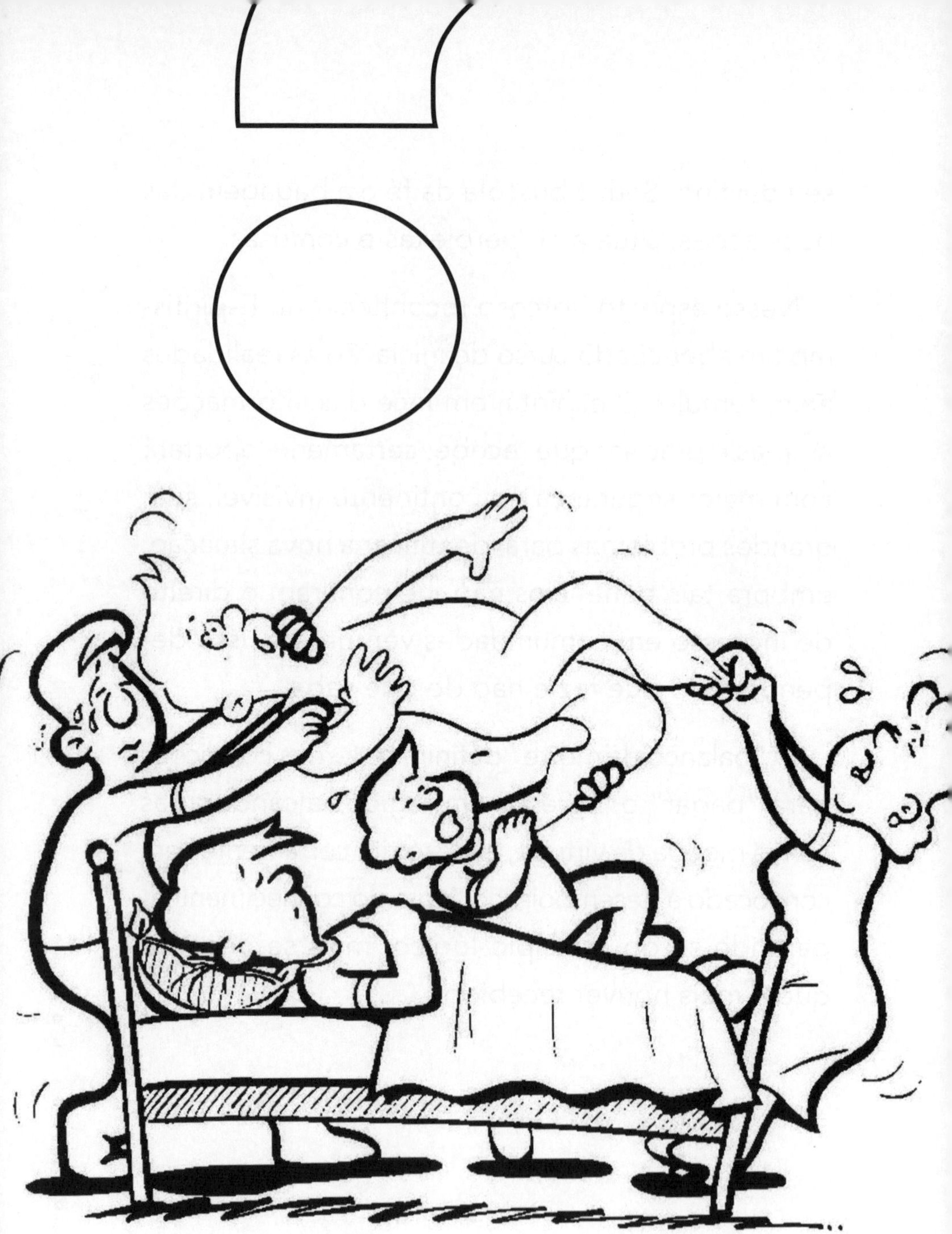

7
A MELHORA DA MORTE
● ● ● ●

Diante do agonizante, o sentimento mais forte naqueles que se ligam a ele afetivamente é o de perda pessoal.

Meu marido não pode morrer! Ele é o meu apoio, minha segurança!

Minha esposa querida! Não me deixe! Não poderei viver sem você!

Meu filho, meu filho! Não se vá! Você é muito jovem! Que será de minha velhice sem o seu amparo?

Curiosamente, ninguém pensa no moribundo. Mesmo os que aceitam a vida além-túmulo se multiplicam em vigílias e orações, recusando admitir a separação. Esse comportamento ultrapassa os limites da afetividade, desembocando no velho egoísmo humano, algo parecido com o presidiário que se recusa a aceitar a ideia de que seu companheiro de prisão vai ser libertado.

O exacerbamento da mágoa, em gestos de inconformação e desespero, gera fios fluídicos que tecem uma espécie de teia de retenção, a promover a sustentação artificial da vida física. Semelhantes vibrações não evitarão a morte. Apenas a retardarão, submetendo o desencarnante a uma carga maior de sofrimentos.

É natural que, diante de sério problema físico a abater-se sobre alguém muito caro ao nosso coração, experimentemos apreensão e angústia. Imperioso, porém, que não resvalemos para a revolta e o desespero, que sempre complicam os problemas humanos, principalmente os relacionados com a morte.

Quando os familiares não aceitam a perspectiva da separação, formando a indesejável teia vibratória, os técnicos da Espiritualidade promovem, com recursos magnéticos, uma recuperação artificial do paciente que, "mais prá lá do que prá cá", surpreendentemente começa a melhorar, recobrando a lucidez e ensaiando algumas palavras...

Geralmente, tal providência é desenvolvida na madrugada. Exaustos, mas aliviados, os "retentores" vão repousar, proclamando:

Graças a Deus! O Senhor ouviu nossas preces!

Aproveitando a trégua na vigília de retenção, os benfeitores espirituais aceleram o processo desencarnatório e iniciam o desligamento. A morte vem colher mais um passageiro para o Além.

Raros os que consideram a necessidade de ajudar o desencarnante na traumatizante transição. Por isso, é frequente a utilização desse recurso da Espiritualidade, afastando aqueles que, além de não ajudar, atrapalham. Existe até um ditado popular a respeito do assunto:

Foi a melhora da morte! Melhorou para morrer!

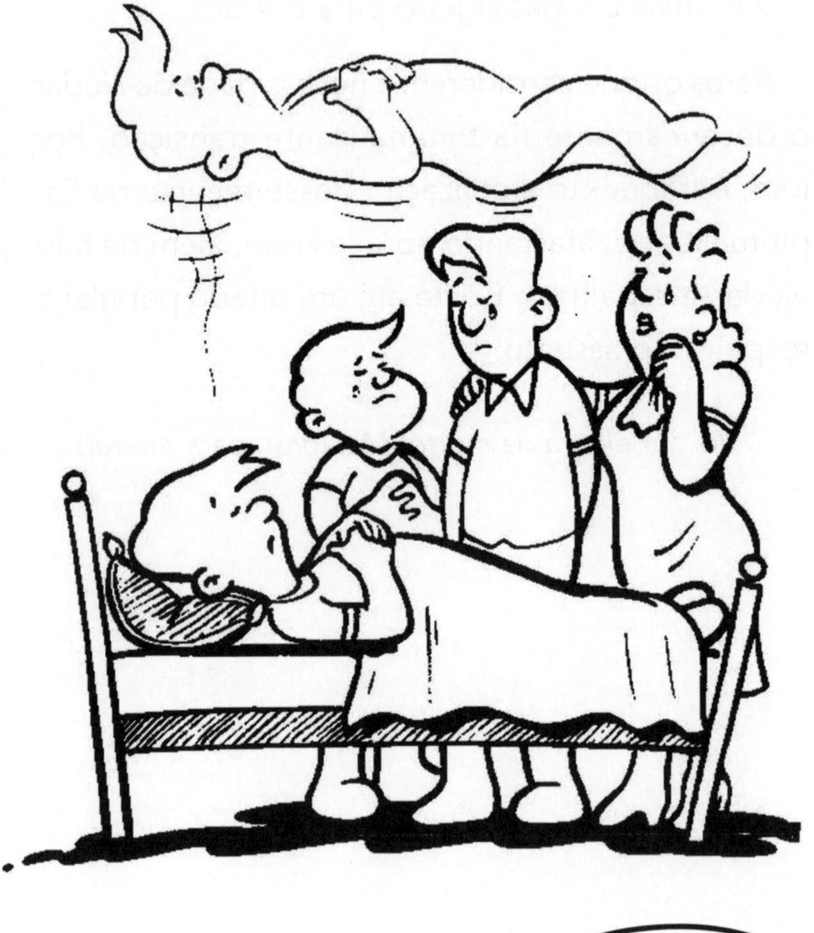

8
RECURSO INFALÍVEL
● ● ● ● ● ● ● ● ● ●

A morte, com raras exceções, é traumatizante. Afinal, o Espírito deixa um veículo de carne ao qual está tão intimamente associado que se lhe afigura, geralmente, parte indissociável de sua individualidade (ou toda ela, para os materialistas).

Por outro lado, raros estão preparados para a jornada compulsória, quando deixamos a acanhada ilhota das percepções físicas rumo ao glorioso continente das realidades espirituais. Impregnados por interesses e preocupações materiais, os viajores enfrentam compreensíveis percalços.

Em tal circunstância, tanto o paciente que enfraquece paulatinamente, quanto os familiares em dolorosa vigília, podem valer-se de um recurso infalível: a oração.

Por suas características eminentemente espiritualizantes, representando um esforço por superar os condicionamentos da Terra para uma comunhão com o Céu, ela favorece uma "viagem" tranquila para os que partem. Os que ficam encontram nela um lenitivo providencial que ameniza a sensação de perda pessoal, preenchendo o vazio que se abre em seus corações com a reconfortante presença de Deus, fonte abençoada de segurança, equilíbrio e serenidade em todas as situações.

Todavia, a eficiência da oração está subordinada a uma condição essencial: o sentimento. Se simplesmente repetimos palavras, em fórmulas verbais, caímos num processo mecânico inócuo. Só o coração consegue comunicar-se com Deus, dispensando verbalismo.

O próprio "Pai-Nosso", a sublime oração ensinada por Jesus, não é nenhum recurso mágico, cuja eficiência esteja subordinada à repetição. Trata-se de um roteiro relativo à nossa atitude na oração, iniciando-se com a orientação de que devemos estar muito confiantes, porque Deus é nosso Pai, e termina ensinando que é preciso vencer o mal que existe em nós com o combate sistemático às tentações.

Destaque-se aquele incisivo "seja feita a vossa vontade, assim na Terra como no Céu", em que Jesus deixa bem claro que compete a Deus definir o que é melhor para nós. Em qualquer circunstância, particularmente na grande transição, se nutrirmos sentimentos de desespero e inconformação, sairemos do santuário da oração tão perturbados e aflitos como quando entramos.

Quando o desencarnante e seus familiares controlam as emoções, cultivando, em prece, sentimentos de confiança e contrição, os técnicos da Espiritualidade encontram facilidade para promover o desligamento, sem traumas maiores para o que parte, sem desequilíbrios para os que ficam.

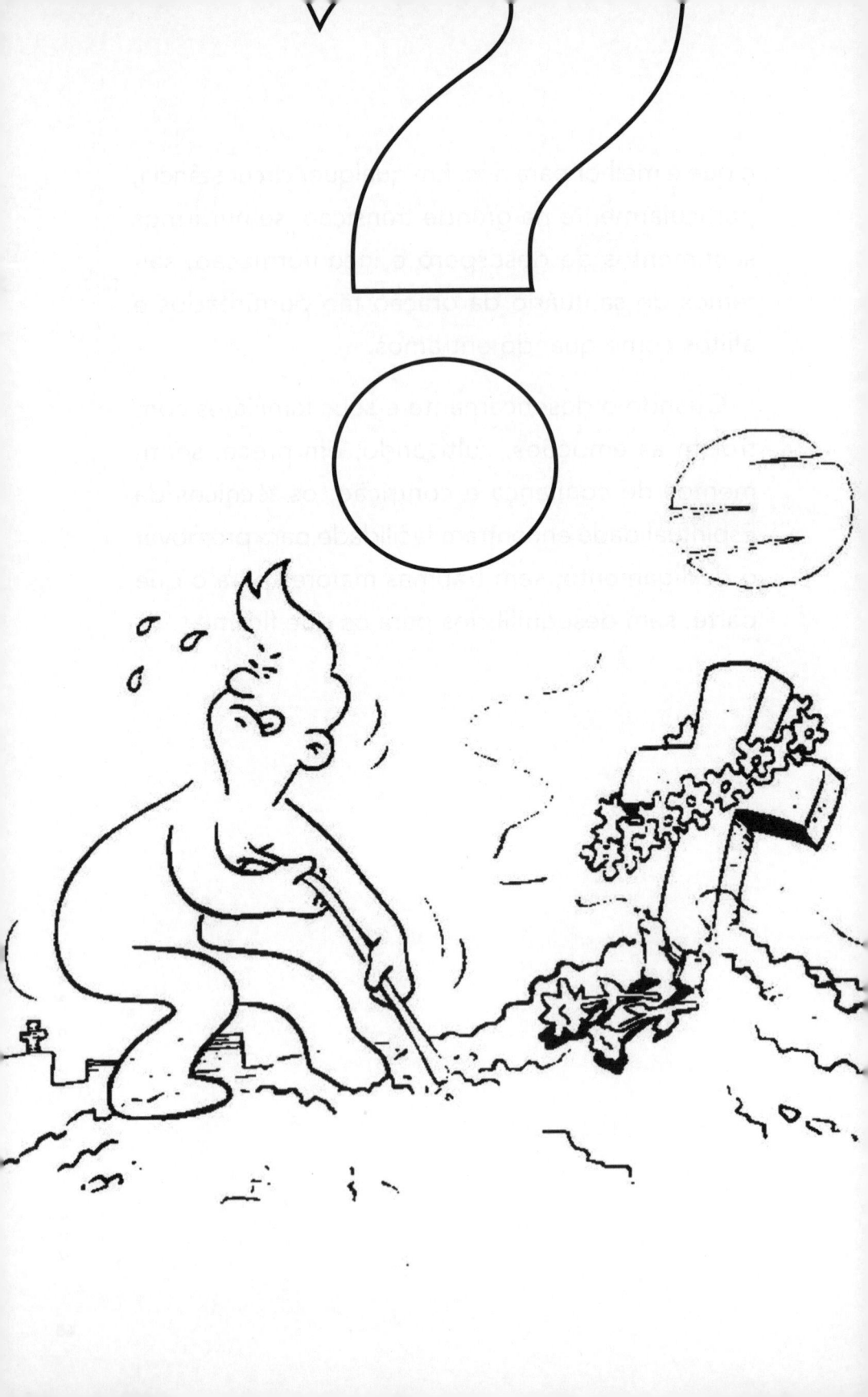

9
AS DELONGAS DO DESLIGAMENTO
● ● ● ● ● ● ● ●

Morte física e desencarne não ocorrem simultaneamente. O indivíduo morre quando o coração deixa de funcionar. O espírito desencarna quando se completa o desligamento, o que demanda algumas horas ou alguns dias.

Basicamente, o espírito permanece ligado ao corpo enquanto são muito fortes nele as impressões da existência física. Indivíduos materialistas, que fazem da jornada humana um fim em si, que não cogitam de objetivos superiores, que cultivam vícios e paixões, ficam retidos por mais tempo, até que a impregnação fluídica animalizada de que se revestem seja reduzida a níveis compatíveis com o desligamento.

Certamente os benfeitores espirituais podem fazê-lo de imediato, tão logo se dê o colapso do corpo. No entanto, não é aconselhável, porquanto o desencarnante teria dificuldades maiores para ajustar-se às realidades espirituais. O que aparentemente sugere um castigo para o indivíduo que não viveu existência condizente com os princípios da moral e da virtude é, na verdade, apenas manifestação de misericórdia. Não obstante, o constrangimento e as sensações desagradáveis que venha a enfrentar, na contemplação de seus despojos carnais em decomposição, tal circunstância é menos traumatizante do que o desligamento extemporâneo.

Há, a respeito da morte, concepções totalmente distanciadas da realidade. Quando alguém morre fulminado por um enfarte violento, costuma-se dizer:

Que morte maravilhosa! Não sofreu nada!

No entanto, é uma morte indesejável. Falecendo em plena vitalidade, salvo se altamente espiritualizado, ele terá problemas de desligamento e adaptação, pois serão muito fortes nele as impressões e interesses relacionados com a existência física.

Se a causa da morte é o câncer, após prolongados sofrimentos, em dores atrozes, com o paciente definhando lentamente, decompondo-se em vida, fala-se:

Que morte horrível! Quanto sofrimento!

Paradoxalmente, é uma boa morte. Doença prolongada é tratamento de beleza para o Espírito. As dores físicas atuam como inestimável recurso terapêutico, ajudando-o a superar as ilusões do mundo, além de depurá-lo como válvulas de escoamento das impurezas morais. Destaque-se que o progressivo agravamento de sua condição torna o doente mais receptivo aos apelos da religião, aos benefícios da prece, às meditações sobre o destino humano. Por isso, quando a morte chega, ele está preparado e até a espera, sem apegos, sem temores.

Algo semelhante ocorre com as pessoas que desencarnam em idade avançada, cumpridos os prazos concedidos pela Providência Divina, e que mantiveram um comportamento disciplinado e virtuoso. Nelas, a vida física se extingue mansamente, como uma vela que bruxuleia e apaga, inteiramente gasta, proporcionando-lhes um retorno tranquilo, sem maiores percalços.

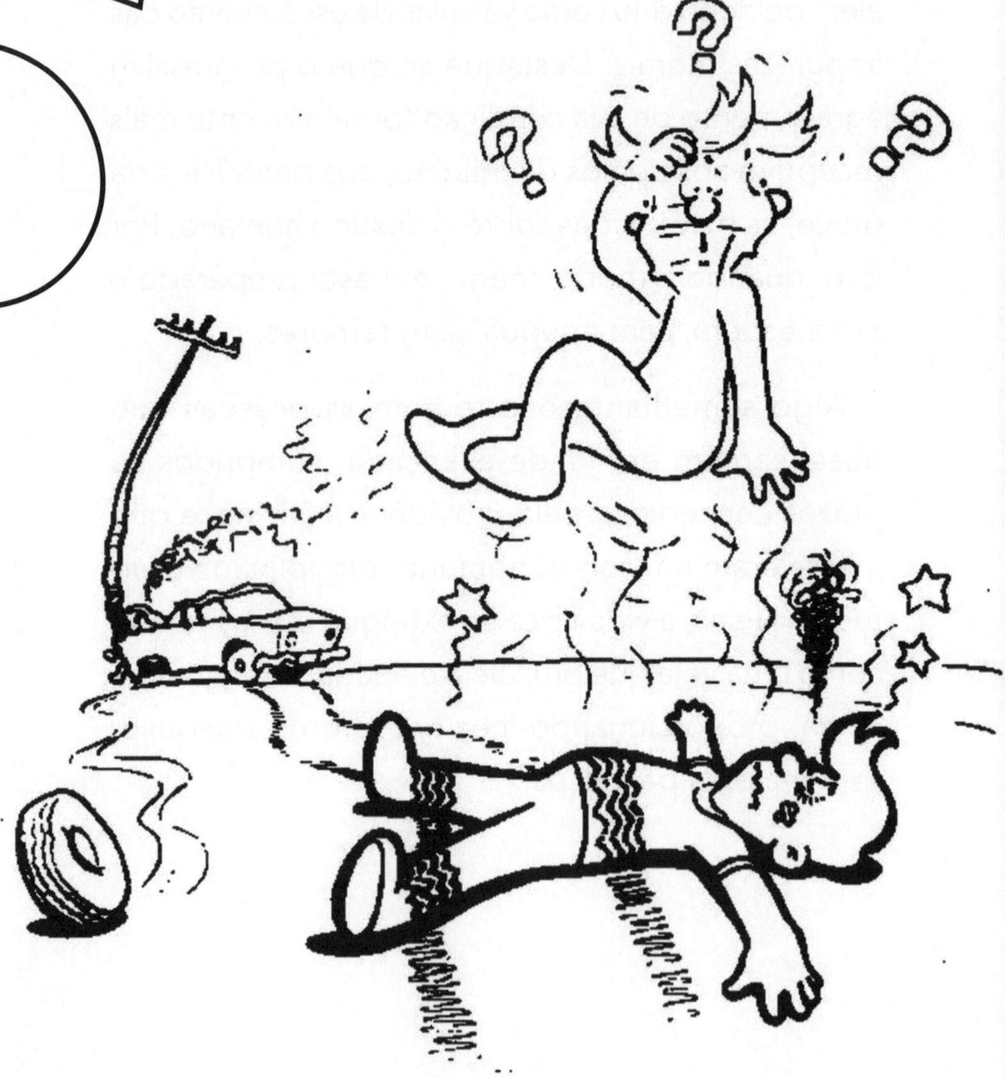

10
TRAGÉDIAS
● ● ● ● ● ●

Multidões regressam à Espiritualidade, diariamente, envolvidas em circunstâncias trágicas: incêndios, desmoronamentos, terremotos, afogamentos, acidentes aéreos e automobilísticos...

"Por quê?" – Questionam, angustiados os familiares.

A Doutrina Espírita demonstra que tais ocorrências estão associadas a experiências evolutivas. Não raro, representam o resgate de dívidas cármicas contraídas com o exercício da violência no pretérito.

Todos "balançamos" quando nos vemos às voltas com mortes assim, envolvendo nossos afetos. Muitos, desarvorados, mergulham em crises de desespero e revolta, reação compreensível ante o impacto inesperado. Somente o tempo, a fluir incessante, no desdobramento dos dias, amenizará suas mágoas, sugerindo um retorno à normalidade. A vida continua...

Considere-se, entretanto, que o desencarnado não pode esperar. Personagem central da tragédia, situa-se perplexo e confuso. Embora amparado por benfeitores espirituais, enfrenta previsíveis dificuldades de adaptação, sentindo repercutir nele próprio as emoções dos familiares. Se estes cultivam reminiscências infelizes, detendo-se nos dolorosos pormenores do funesto acontecimento, fatalmente o levam a revivê-lo com perturbadora insistência. Imaginemos alguém vitimado num incêndio a reviver o inferno de chamas, sob indução do pensamento inquieto e atormentado dos que não se conformam...

Nas manifestações desses Espíritos, há uma tônica comum: o apelo para que os familiares retornem à normalidade e retomem suas atividades, desenvolvendo novos interesses, particularmente os relacionados com a prática do Bem, bálsamo divino para as dores da separação.

No livro *Vida no além*, psicografia de Francisco Cândido Xavier, o espírito do jovem Willian José Guagliardi, desencarnado juntamente com outros cinquenta e oito, num acidente com ônibus escolar que se precipitou num rio, em São José do Rio Preto, dirige-se à sua mãe, confortando-a. Dentre outras considerações, diz:

"Estou presente, rogando à senhora que me ajude com sua paciência. Tenho sofrido mais com as lágrimas da senhora do que mesmo com a libertação do corpo... Isso, Mamãe, porque a sua dor me prende à recordação de tudo o que sucedeu e quando a senhora começa a perguntar como teria sido o desastre, no silêncio do seu desespero, sinto-me de novo na asfixia".

Evidente que não vamos cultivar fleumática tranquilidade, considerando natural que alguém muito amado parta tragicamente. Por mais ampla seja nossa compreensão, sofreremos muito. Talvez não exista angústia maior. Imperioso, contudo, que mantenhamos a serenidade, cultivando confiança em Deus, não por nós apenas, mas, sobretudo, em benefício daquele que partiu. Mais do que nunca, ele precisa de nossa ajuda.

11
FUGA COMPROMETEDORA

● ● ● ● ● ● ● ● ● ●

Sem dúvida, a mais trágica de todas as circunstâncias que envolvem a morte, de consequências devastadoras para o desencarnante, é o suicídio. Longe de enquadrar-se como expiação ou provação, no cumprimento de desígnios divinos, o autoaniquilamento se situa por desastrada fuga, uma porta falsa em que o indivíduo, julgando libertar-se de seus males, precipita-se em situação muito pior.

"O maior sofrimento da Terra não se compara ao nosso" – dizem, invariavelmente, suicidas que se manifestam em reuniões mediúnicas.

Tormentos indescritíveis desabam sobre eles, a partir da consumação do gesto lamentável. Precipitados violentamente na Espiritualidade, em plena vitalidade física, revivem, ininterruptamente, por largo tempo, as dores e emoções dos últimos instantes, confinados em regiões tenebrosas onde, segundo a expressão evangélica, "há choro e ranger de dentes".

Um dos grandes problemas do suicida é o lesionamento do corpo perispiritual. Aqueles que morrem de forma violenta, em circunstâncias alheias à sua vontade, registram no perispírito marcas e impressões relacionadas com o tipo de desencarne que sofreram. São, entretanto, passageiras, e tenderão a desaparecer, tão logo ocorra sua plena reintegração na Vida Espiritual.

O mesmo não ocorre com o suicida, que exibe na organização perispiritual ferimentos correspondentes à agressão cometida contra o corpo físico. Se deu um tiro no cérebro, terá grave lesão na região correspondente; se ingeriu soda cáustica, experimentará extensa ulceração à altura do aparelho digestivo; se atirou-se diante de um trem, exibirá traumas generalizados.

Tais efeitos, que contribuem em grande parte para os sofrimentos do suicida, exigem, geralmente, um contato com nova estrutura carnal, na experiência reencarnatória, para serem superados. E fatalmente se refletirão nela. O tiro no cérebro originará dificuldades de raciocínio; a soda cáustica implicará em graves deficiências no aparelho digestivo; o impacto violento sob as rodas do trem ensejará complexos quadros neurológicos...

Como ocorre em todos os casos de morte violenta, o suicida experimentará inevitável agravamento de seus padecimentos, na medida em que a família mergulhe no desespero e na inconformação, exacerbados, não raro, por complexos de culpa.

"Ah! Se tivéssemos agido diferente! Se lhe déssemos mais atenção! Se procurássemos compreendê-lo!"

Inútil conjecturar em torno de fato consumado. Diante de um ferido, em grave e inesperado desastre, seria contraproducente estarmos a imaginar que poderia não ter acontecido se agíssemos diferente. Aconteceu! Não pode ser mudado! Imperioso manter o equilíbrio e cuidar do paciente.

O mesmo ocorre com o suicida. Ele precisa, urgentemente, de auxílio. Indispensável que reajamos ao desespero e cultivemos a oração. Esta é o bálsamo confortador, o alento novo para seus padecimentos no Além, o grande recurso capaz de reerguê-lo.

E, se nos parece desalentador atentar às prolongadas e penosas experiências do companheiro que partiu voluntariamente, consideremos que seus sofrimentos não serão inúteis. Representarão para ele um severo aprendizado, amadurecendo-o e habilitando-o a respeitar a Vida e a voltar-se para Deus.

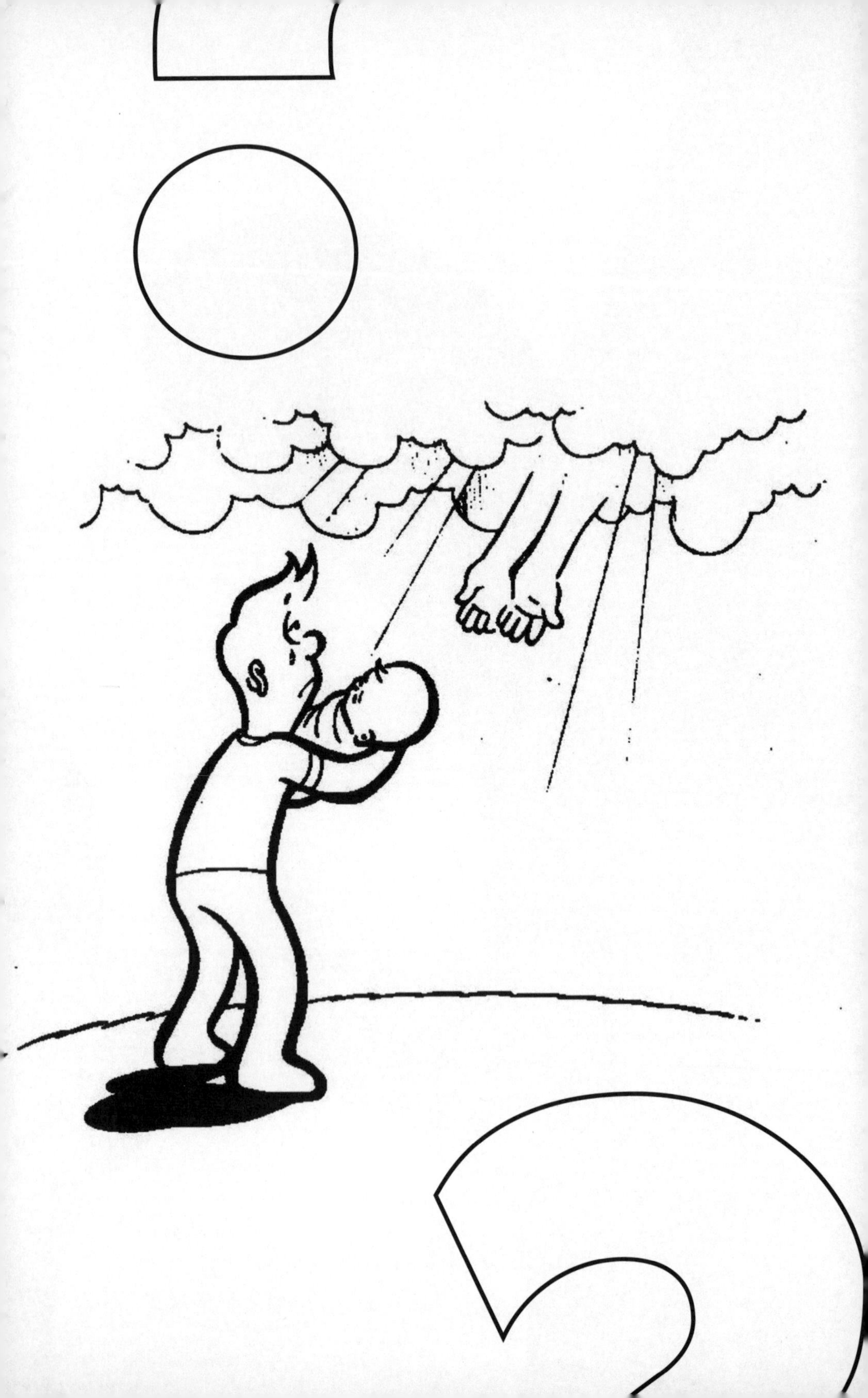

12
MORTE DE CRIANÇAS
● ● ● ● ● ● ● ● ● ● ●

O desencarne na infância, mesmo em circunstâncias trágicas, é bem mais tranquilo, porquanto, nessa fase, o Espírito permanece em estado de dormência e desperta lentamente para a existência terrestre. Somente a partir da adolescência é que entrará na plena posse de suas faculdades.

Alheio às contingências humanas, ele se exime de envolvimento com vícios e paixões que tanto comprometem a experiência física e dificultam um retorno equilibrado à Vida Espiritual.

O problema maior é a teia de retenção, formada com intensidade, porquanto a morte de uma criança provoca grande comoção, até mesmo em pessoas não ligadas a ela diretamente. Símbolo da pureza e da inocência, alegria do presente e promessa para o futuro, o pequeno ser resume as esperanças dos adultos que se recusam a encarar a perspectiva de uma separação.

Em favor do desencarnante, é preciso imitar atitudes como a de Amaro, personagem do livro *Entre a Terra e o Céu*, do espírito André Luiz, psicografia de Francisco Cândido Xavier, diante do filho de um ano, desenganado pelo médico, a avizinhar-se da morte. Na madrugada, enquanto outros familiares dormem, ele permanece em vigília, meditando. Descreve o autor:

> A aurora começava a refletir-se no firmamento em largas riscas rubras, quando o ferroviário abandonou a meditação, aproximando-se do filhinho quase morto.
> Num gesto comovente de fé, retirou da parede velho crucifixo de madeira e colocou-o à cabeceira do agonizante. Em seguida, sentou-se no leito e acomodou o menino ao colo com especial ternura. Amparado espiritualmente por Odila,[2] que o enlaçava, demorou o olhar sobre a imagem do Cristo Crucificado e orou em alta voz:
> – Divino Jesus, compadece-te de nossas fraquezas!... Tenho meu espírito

---

2 Amaro é casado em segundas núpcias, Odila é a primeira esposa, desencarnada.

frágil para lidar com a morte! Dá-nos força e compreensão... Nossos filhos te pertencem, mas como nos dói restituí-los, quando a tua vontade no-los reclama de volta!...

O pranto embargava-lhe a voz, mas o pai sofredor, demonstrando a sua imperiosa necessidade de oração, prosseguiu:

– Se é de teu desígnio que o nosso filhinho parta, Senhor, recebe-o em teus braços de amor e luz! Concede-nos, porém, a precisa coragem para suportar, valorosamente, a nossa cruz de saudade e dor!... Dá-nos resignação, fé, esperança!... Auxilia-nos a entender-te os propósitos e que a tua vontade se cumpra hoje e sempre!...

Jactos de safirina claridade escapavam-lhe do peito, envolvendo a criança, que, pouco a pouco, adormeceu.

Júlio se afastou do corpo de carne, abrigando-se nos braços de Odila, à maneira de um órfão que busca tépido ninho de carícias.

A atitude fervorosa de Amaro, sua profunda confiança em Jesus, sustenta-lhe o equilíbrio e favorece o retorno de Júlio, o filho muito amado, à pátria espiritual, conforme estava previsto.

REENCARNAÇÃO

13
POR QUE MORREM AS FLORES
● ● ● ●

Não há lugar para o acaso na existência humana. Deus não é um jogador de dados a distribuir alegria e tristeza, felicidade e infelicidade, saúde e enfermidade, vida e morte, aleatoriamente. Existem leis instituídas pelo Criador que disciplinam a evolução de Suas criaturas, oferecendo-lhes experiências compatíveis com suas necessidades.

Uma delas é a Reencarnação, a determinar que vivamos múltiplas existências na carne, quais alunos internados num educandário, periodicamente, para aprendizado específico.

O conhecimento reencarnatório nos permite desvendar os intrincados problemas do Destino. Deus sabe o que faz quando alguém retorna à Espiritualidade em plena floração infantil.

Há suicidas que reencarnam para jornada breve. Sua frustração, após longos e trabalhosos preparativos para o mergulho na carne, os ajudará a valorizar a existência humana e a superar a tendência de fugir de seus problemas com o autoaniquilamento. Ao mesmo tempo, o contato com a matéria representará um benéfico tratamento para os desajustes perispirituais provocados pelo tresloucado gesto. Crianças portadoras de graves problemas congênitos, que culminam com a desencarnação, enquadram-se perfeitamente nessa condição.

Poderão, se oportuno, reencarnar novamente na mesma família, passado algum tempo, em melhores condições de saúde e com ampla disposição para enfrentar a provações da Terra. Não raro, o filho que nasce após a morte de um irmão revela idêntico padrão de comportamento, com as mesmas reações e tendências.

"É igualzinho ao irmão que faleceu!" – Comentam os familiares.

Igualzinho, não! É ele próprio, de retorno para novo aprendizado...

Há, também, Espíritos evoluídos que reencarnam com o propósito de despertar impulsos de espiritualidade em velhos afeiçoados, seus pais e irmãos, ajudando-os a superar o imediatismo da vida terrestre.

Situam-se por crianças adoráveis, em face de sua posição evolutiva, extremamente simpáticas, inteligentes e amorosas. Os pais consagram-lhes extremado afeto, elegendo-as como principal motivação existencial. Sua desencarnação deixa-os perplexos, traumatizados.

Todavia, na medida em que emergem da lassidão e do desespero, experimentam abençoado desencanto das futilidades humanas e sentem o despertar de insuspeitada vocação para a religiosidade, no que são estimulados pelos próprios filhos que, invisíveis ao seu olhar, falam-lhes na intimidade do coração, na sintonia da saudade.

Os que se debruçam sobre o esquife de uma criança muito amada compreenderão um dia que a separação de hoje faz parte de um programa de maturação espiritual que lhes ensejará uma união mais íntima, uma felicidade mais ampla e duradoura no glorioso reencontro que inelutavelmente ocorrerá.

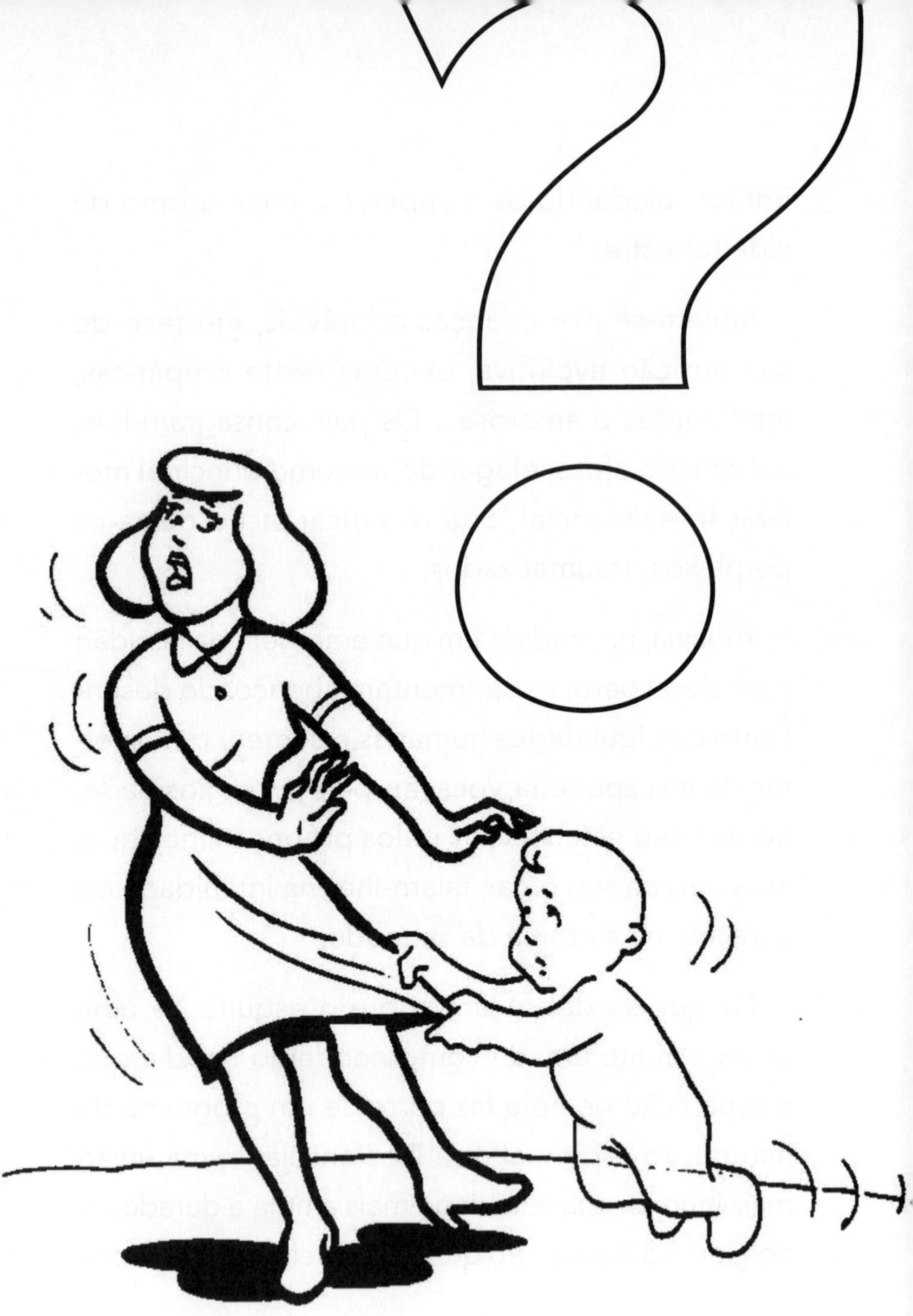

14
ABORTO[3]
● ● ● ● ●

Após a fecundação do óvulo pelo espermatozoide, o Espírito reencarnante é ligado ao embrião, constituindo um ser humano que habitará o ventre materno por nove meses, protegido em sua fragilidade até que possa enfrentar o mundo exterior. O aborto se situa, assim, como uma desencarnação.

Se natural, quando o organismo materno não consegue sustentar o desenvolvimento da criança, configura uma provação relacionada com infrações às leis divinas, tanto para os genitores, que experimentam a frustração do anseio de paternidade (acresçam-se na mulher os sofrimentos e incômodos decorrentes da interrupção da gravidez), quanto

---

[3] N.E.: A questão do aborto é muito complexa. Para um aprofundamento sobre o tema, considerando o arcabouço da Doutrina Espírita, ver O livro dos espíritos, Parte Segunda, Capítulo VII – Da volta do Espírito à vida corporal, e Missionários da luz, de André Luiz, onde se estudam casos de reencarnação, a partir da ótica do mundo espiritual; além do opúsculo da FEB Editora disponível em www.febnet.org.br intitulado Em defesa da Vida, Aborto não!

para o reencarnante, que vê malogrado seu anseio de retorno à carne.

Já o aborto criminoso configura um crime hediondo, nem sempre passível de punição pela justiça humana (em alguns países, a legislação faculta à mulher o direito de arrancar o filho de suas entranhas, matando-o), mas inexoravelmente sujeito às sanções da Justiça Divina, a atingir não apenas a gestante, mas também os que direta ou indiretamente envolvem-se com ele (familiares que o sugerem e profissionais que o executam).

A mulher que assassina o filho indefeso, na intimidade de si mesma, sob a alegação de que é dona de seu corpo, usa um sofisma materialista. Nosso corpo é um empréstimo de Deus para a jornada humana. Muito mais que direitos, temos deveres vinculados ao seu uso. O primeiro é o de preservá-lo, utilizando-o disciplinadamente, com consciência de suas necessidades. O segundo é o de respeitar a vida gerada dentro dele, em obediência aos desígnios divinos, porquanto ao Criador compete decidir sobre os destinos da criatura.

A literatura espírita é pródiga em exemplos sobre as consequências funestas do aborto delituoso, que provoca na mulher graves desajustes perispirituais, a refletirem-se no corpo físico, na existência atual ou futura, na forma de câncer, esterilidade, infecções renitentes, frigidez...

Problemas dessa natureza, frequentes na atualidade, demonstram com propriedade como está disseminada essa prática criminosa. Muitas mulheres chegam ao cúmulo de usar habitualmente substâncias químicas abortivas sempre que ocorre atraso menstrual, sem cogitar se estão grávidas. Semeiam aflições que fatalmente colherão...

No aborto natural, o Espírito retorna à Espiritualidade sem maiores problemas. Bem tênues são os laços que o prendem ao corpo, não apenas por tratar-se de início do processo reencarnatório, mas também em face do mal determinante do desencarne, que o situa como paciente terminal.

Consumada a desencarnação, o Espírito poderá reassumir sua personalidade anterior, voltando ao que era, com acréscimo da breve experiência. Se não detiver suficiente maturidade mental para isso, permanecerá na Espiritualidade como um recém-nascido, à espera do concurso do tempo, que o habilite a retomar a consciência de si mesmo, desenvolvendo-se como uma criança, ou preparando-se para novo mergulho na carne.

No aborto criminoso, a situação é mais complexa. O Espírito sofre o trauma provocado pela morte violenta, embora amenizado pelo fato de não estar comprometido com os enganos do mundo. Tratando-se de algo não programado, fruto da irresponsabilidade dos pais, sua frustração será maior.

A readaptação será semelhante à do Espírito vitimado pelo aborto natural. Considere-se, entretanto, que, se moralmente imaturo, sua expulsão poderá provocar nele acirrado rancor contra os pais, transformando-o em perseguidor implacável daqueles que recusaram conceder-lhe a oportunidade do recomeço.

Muitos males que afligem a mulher, após o crime do aborto, prolongando-se indefinidamente, não obstante os recursos da Medicina, nascem dessa influência.

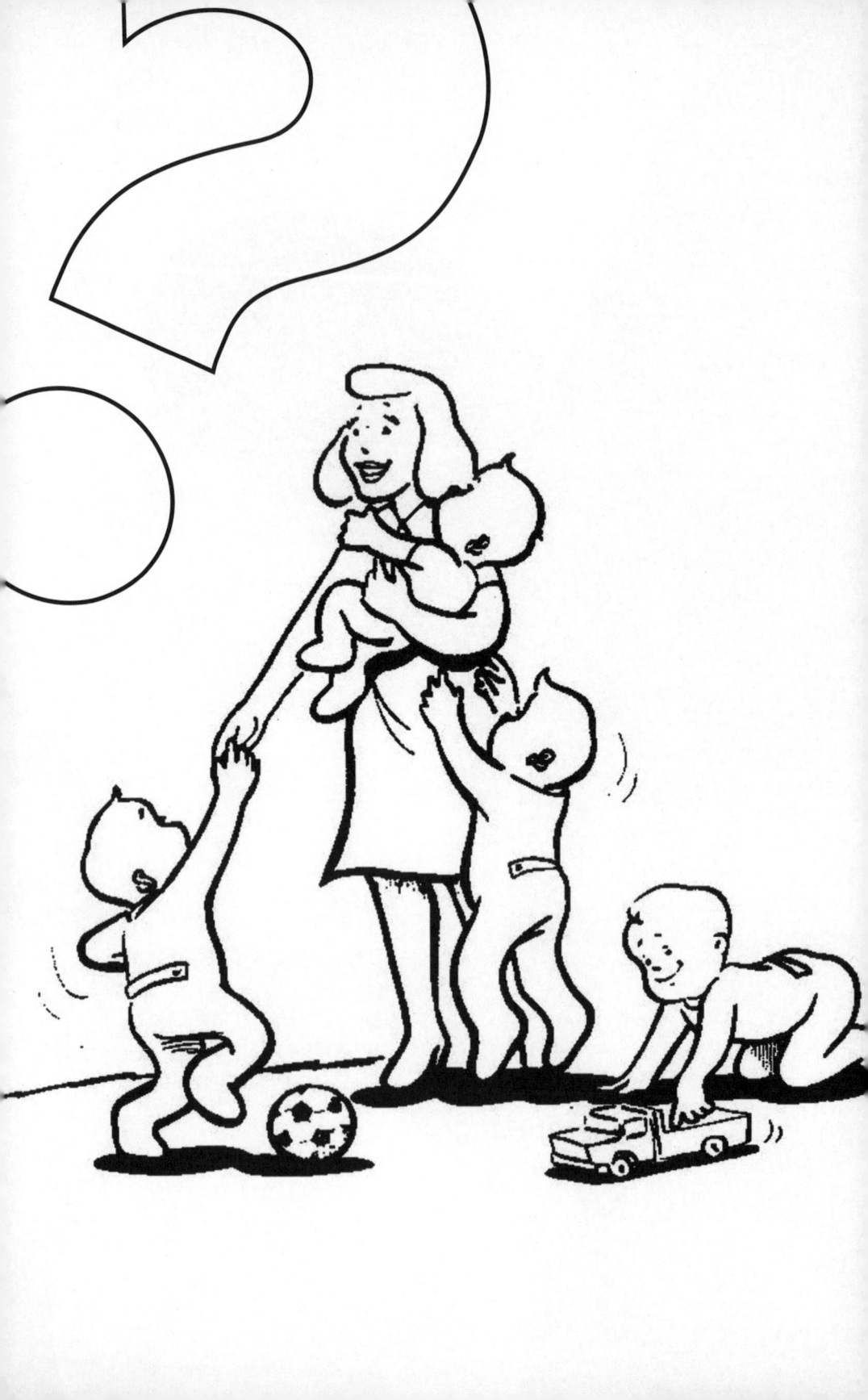

15
CONSCIÊNCIA DO ERRO[4]

● ● ●

O conhecimento espírita tem evitado que muitas mulheres se comprometam no aborto provocado, esse "assassinato intrauterino", mas constitui, também, um tormento para aquelas que o praticaram. Medo, remorso, angústia, depressão são algumas de suas reações. Naturalmente isso ocorre sempre que somos informados do que nos espera em face de um comportamento desajustado.

---

[4] N.E.: Família, genitor e sociedade que condenam e abandonam a grávida são corresponsáveis diretos pelo aborto, especialmente em se tratando de meninas e adolescentes, ou de mulheres sem condições de autossustento. É dever de todo espírita atuar para mudar esse estado de coisas, esclarecendo, amparando, acolhendo, orientando e oferecendo soluções para que as vidas da mãe e do bebê sejam respeitadas e apoiadas em todas as instâncias. Esses corresponsáveis também precisam de envolvimento em ações de assistência à infância e à gestante em situação de risco socioeconômico e emocional, para trabalharem, ainda nesta encarnação, a reparação de seus erros.

No entanto, equivocados estão os que pretendem ver na Doutrina Espírita a reedição de doutrinas escatológicas fustigantes e anatematizadoras.

Estribando-se na lógica e no raciocínio e exaltando a liberdade de consciência, o Espiritismo não condena –esclarece; não ameaça –conscientiza. E, muito mais que revelar o Mal que há no homem, tem por objetivo ajudá-lo a encontrar o Bem.

Espíritos imaturos, comprometidos com leviandades e inconsequências, somos todos, ou não estaríamos na Terra, planeta de expiação e provas. Pesa sobre nossos ombros o passado delituoso, impondo-nos experiências dolorosas. Nem por isso devemos atravessar a existência cultivando complexos de culpa.

O que distingue a mulher que praticou o aborto é apenas uma localização no tempo. Ela se comprometeu hoje, tanto quanto todos nos comprometemos com males talvez mais graves, em vidas anteriores.

E se muitos estão resgatando seus crimes nas grades do sofrimento, com cobrança rigorosa da Justiça Divina, simplesmente porque nada fizeram a respeito, há que se considerar a possibilidade de nos redimirmos com o exercício do Bem.

"Misericórdia quero e não sacrifício" – diz Jesus, lembrando o profeta Oséias (*Mateus* 9; 13), a demonstrar que não precisamos nos flagelar ou esperar que a Lei Divina nos flagele para resgate de débitos. O exercício da misericórdia, no empenho do Bem, oferece-nos opção mais tranquila.

A mulher que cometeu o crime do aborto pode perfeitamente renovar seu destino dispondo-se a trabalhar em favor da infância desvalida, em iniciativas como adoção de filhos, socorro a crianças carentes, trabalho voluntário em creches, berçários ou orfanatos...

Seu empenho nesse sentido proporcionar-lhe-á preciosa iniciação nas bênçãos da Caridade e do Amor, habilitando-a à renovação e ao reajuste, sem traumas e sem tormentos.

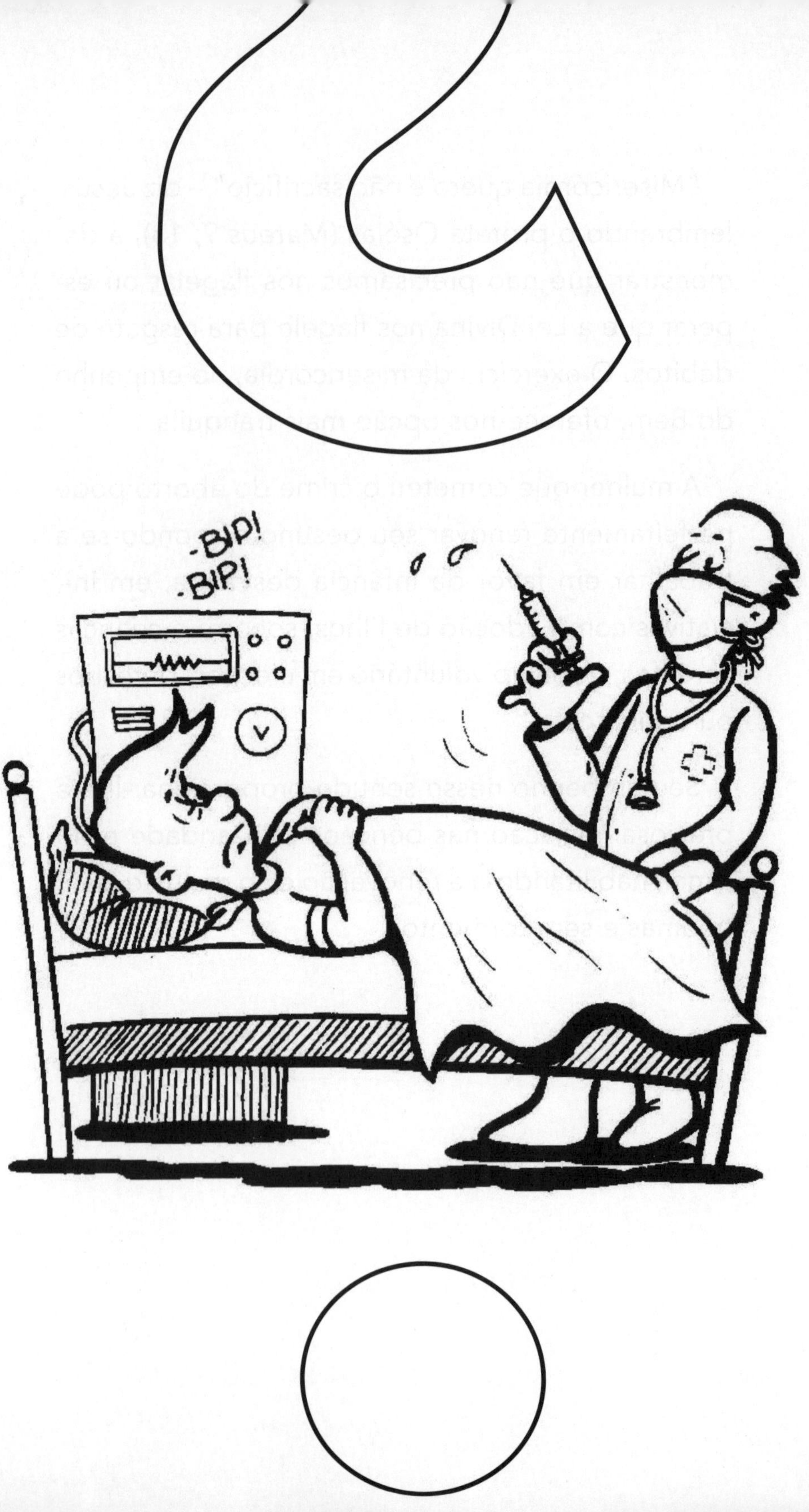
-BIP!
-BIP!

16
SOLUÇÃO INFELIZ
● ● ● ● ● ● ● ● ●

O termo eutanásia, cujo significado é "morte feliz", foi criado pelo filósofo Francis Bacon. Ele argumentava que o médico tem a responsabilidade de aliviar doenças e dores, não somente com a cura do mal, mas também proporcionando ao doente uma morte calma e fácil, se o problema for irreversível.

Embora universalmente considerada homicídio, a eutanásia conta com a benevolência da justiça, quando aplicada em pacientes terminais atormentados por dores e aflições. São raríssimos os processos contra pessoas envolvidas nesse crime.

Em alguns países, cogita-se de considerá-la simples ato médico com o consentimento do próprio doente ou de familiares, no piedoso propósito de abreviar seus padecimentos.

As religiões, em geral, manifestam-se contrárias à eutanásia, partindo de dois princípios fundamentais:

Primeiro: compete a Deus, senhor de nossos destinos, promover nosso retorno à Espiritualidade. Na Tábua dos Dez Mandamentos Divinos, recebida por Moisés no Monte Sinai, onde estão os fundamentos da justiça humana, há a recomendação inequívoca: "Não matarás".

Segundo: ninguém pode afirmar com absoluta segurança que um paciente está irremediavelmente condenado. A literatura médica é pródiga em exemplos de pacientes em estado desesperador que se recuperam.

O Espiritismo ratifica tais considerações e nos permite ir além, demonstrando que a eutanásia não só interrompe a depuração do Espírito encarnado pela enfermidade, como lhe impõe sérias dificuldades no retorno ao Plano Espiritual.

André Luiz aborda esse assunto no livro *Obreiros da vida eterna*, psicografia de Francisco Cândido Xavier, ao descrever o desencarne de Cavalcante, dedicado servidor do Bem, empolgado por injustificáveis temores da morte. Não obstante seus méritos e o amplo apoio dos amigos espirituais que o assistiam, ele simplesmente se recusava a morrer, apegando-se à vida física com todas as forças de sua alma.

Com o moribundo inconsciente e sem nenhum familiar a consultar, o médico decide, arbitrariamente, abreviar seus padecimentos, aplicando-lhe dose letal de anestésico. Diz André Luiz:

> Em poucos instantes, o moribundo calou-se. Inteiriçaram-se-lhe os membros vagarosamente. Imobilizou-se a máscara facial. Fizeram-se vítreos os olhos móveis. Cavalcante, para o espectador comum, estava morto. Não para nós, entretanto. A personalidade desencarnante estava presa ao corpo inerte, em plena inconsciência e incapaz de qualquer reação.

Jerônimo, o mentor espiritual que acompanha André Luiz, explica:

> A carga fulminante da medicação de descanso, por atuar diretamente em todo o sistema nervoso, interessa os centros do organismo perispiritual. Cavalcante permanece, agora, colado a trilhões de células neutralizadas, dormentes, invadido, ele mesmo, de estranho torpor que o impossibilita de dar qualquer resposta ao nosso esforço.

Provavelmente só poderemos libertá-lo depois de decorridas mais de doze horas.

Finalizando, o autor acentua:

E, conforme a primeira suposição de Jerônimo, somente nos foi possível a libertação do recém-desencarnado quando já haviam transcorrido vinte horas, após serviço muito laborioso para nós. Ainda assim, Cavalcante não se retirou em condições favoráveis e animadoras. Apático, sonolento, desmemoriado, foi por nós conduzido ao asilo de Fabiano,[5] demonstrando necessitar de maiores cuidados.

Aplicada desde as culturas mais antigas, a eutanásia, longe de situar-se por "morte feliz", é uma solução infeliz para o paciente, além de constituir lamentável desrespeito aos desígnios de Deus.

---

5 Instituição socorrista do Plano Espiritual.

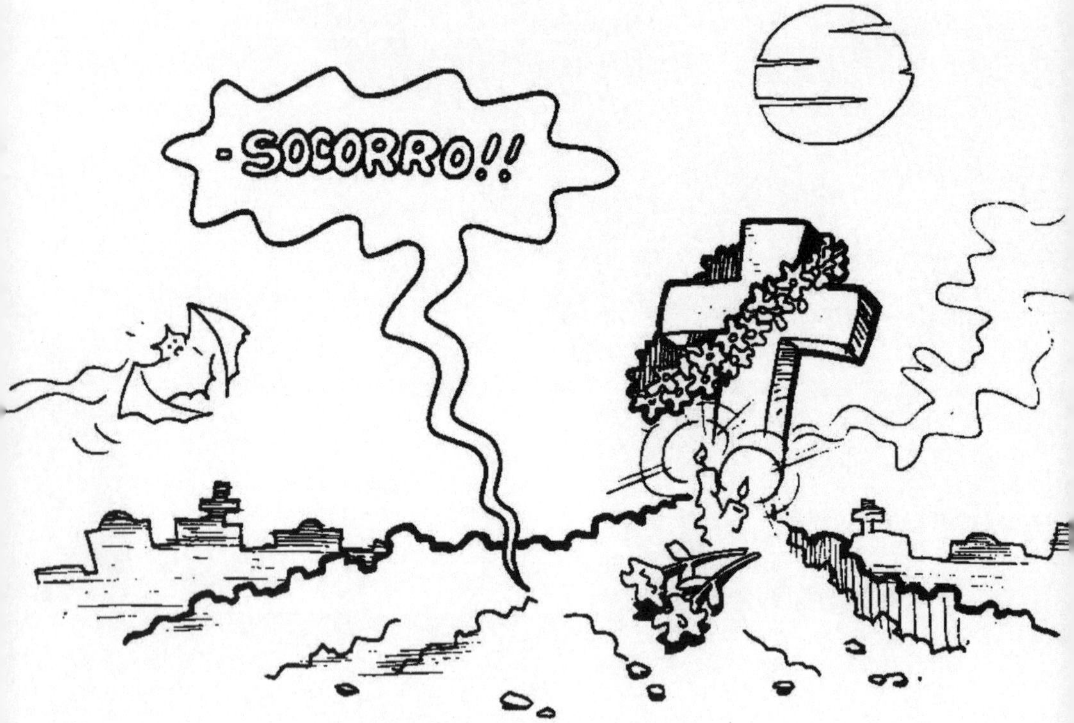
-SOCORRO!!

17
VELHO TRAUMA
● ● ● ● ● ● ● ●

Recomendações:

– Só me enterrem quando começar a cheirar mal!...

– Não me sepultem. Quero ser cremado!...

– Cumpram rigorosamente o prazo de vinte e quatro horas para o enterro. Não importam as circunstâncias de minha morte!...

Em palestras sobre a morte, a pergunta frequente:

– Se eu passar por um transe letárgico e despertar no túmulo, o que acontecerá comigo?

A resposta jocosa:

– Nada de especial. Simplesmente morrerá em poucos minutos, por falta de oxigênio.

* * *

Incrível a preocupação das pessoas com a possibilidade de serem enterradas vivas, alimentada por velhas lendas de cadáveres estranhamente virados no esquife quando este é aberto, meses ou anos após a inumação.

Talvez fatos dessa natureza tenham ocorrido nos séculos passados, particularmente por ocasião de epidemias ou de batalhas, onde, diante da quantidade de corpos a serem sepultados, passava-se por cima desse elementar cuidado de verificar se o indivíduo estava realmente morto. Nossos ancestrais terão confundido, não raro, a letargia com a morte, condenando as vítimas de sua ignorância a um desencarne por asfixia.

Na atualidade, é praticamente impossível enterrar alguém vivo, desde que a família peça a presença de um médico (o que no Brasil é imposto por lei, já que não se pode providenciar o sepultamento sem o atestado de óbito firmado por profissional da Medicina, e este não pode fazê-lo sem o competente exame do defunto).

O médico constatará facilmente se o candidato ao atestado está realmente morto ou em estado letárgico. Na letargia, não cessam as funções vitais. O organismo permanece em funcionamento, mas de forma latente, imperceptível à observação superficial.

Com o estetoscópio ele verificará tranquilamente se há circulação sanguínea, sustentada pelos batimentos cardíacos. Se ocorre uma parada cardíaca, a morte consuma-se em quatro minutos. O exame oftálmico também é conclusivo. Verificando-se a midríase, uma ampla dilatação da pupila, sem resposta aos estímulos luminosos, o falecimento está consumado.

Parece-nos que os temores a respeito do assunto têm origem em problemas de desligamento, já que é muito comum o Espírito permanecer preso ao corpo por algumas horas ou dias, após o sepultamento, por despreparo para a morte.

Considerando que certamente todos já passamos por essa desagradável experiência em vidas anteriores, guardamos nos refolhos da consciência traumas que se manifestam no temor de sermos enterrados vivos.

A compreensão dos mecanismos da morte, aliada à observância dos compromissos da vida, ajudar-nos-ão a superar essa incômoda herança de nossas desastradas experiências do passado.

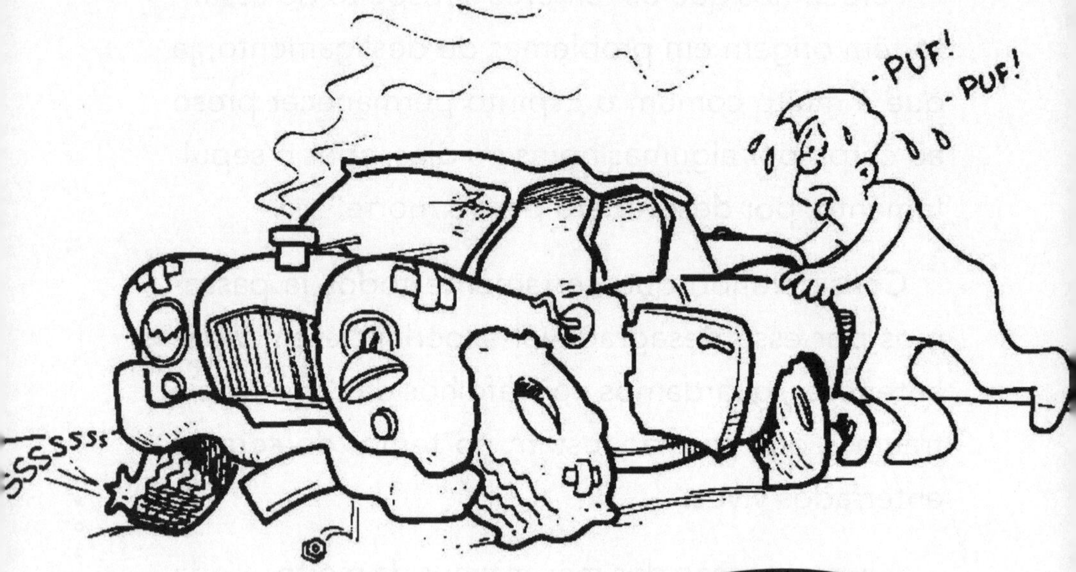
PUF!
PUF!
SSSSSSs

18
CHEGOU A HORA?
● ● ● ● ● ● ● ● ●

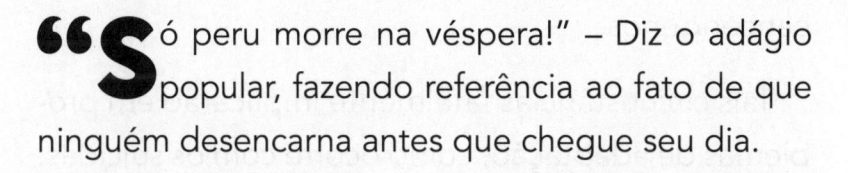

"**S**ó peru morre na véspera!" – Diz o adágio popular, fazendo referência ao fato de que ninguém desencarna antes que chegue seu dia.

Na realidade, ocorre o contrário. Poucos cumprem integralmente o tempo que lhes foi concedido. Com raras exceções, o homem terrestre atravessa a existência pressionando a máquina física, a comprometer sua estabilidade.

Destruímos o corpo de fora para dentro com os vícios, a intemperança, a indisciplina... O álcool, o fumo, o tóxico, os excessos alimentares, tanto quanto a ausência de exercícios, de cuidados de higiene e de repouso adequado minam a resistência orgânica ao longo dos anos, abreviando a vida física.

Destruímos o corpo de dentro para fora, com o cultivo de pensamentos negativos, ideias infelizes, sentimentos desequilibrantes, envolvendo ciúme, inveja, pessimismo, ódio, rancor, revolta...

Há indivíduos tão habituados a reagir com irritação e agressividade, sempre que contrariados, que um dia "implodem" o coração em enfarte fulminante. Outros "afogam" o sistema imunológico num dilúvio de mágoas e ressentimentos, depressões e angústias, favorecendo a evolução de tumores cancerígenos.

Tais circunstâncias fatalmente implicarão em problemas de adaptação, como ocorre com os suicidas. Embora a situação dos que desencarnam prematuramente, em virtude de intemperança mental e física, seja menos constrangedora, já que não pretendiam a morte, ainda assim responderão pelos prejuízos causados à máquina física, que repercutirão no perispírito, impondo-lhes penosas impressões.

Como sempre, tais desajustes refletir-se-ão no novo corpo, quando tornarem à experiência reencarnatória, originando deficiências e males variados que atuarão por indispensáveis recursos de reajuste.

Não somos proprietários de nosso corpo. Usamo-lo em caráter precário, como alguém que alugasse um automóvel para longa viagem. Há um programa a ser observado, incluindo roteiro, percurso, duração, manutenção. Se abusamos dele, acelerando-o com indisciplinas e tensões, envenenando-o com vícios, esquecendo os lubrificantes do otimismo e do bom ânimo, fatalmente nos veremos às voltas com graves problemas mecânicos. Além de interromper a viagem, prejudicando o que fora planejado, seremos chamados a prestar contas dos danos provocados num veículo que não é nosso.

No futuro, em nova "viagem", provavelmente teremos um "calhambeque" com limitações variadas, a exigir maior soma de cuidados, impondo-nos benéficas disciplinas.

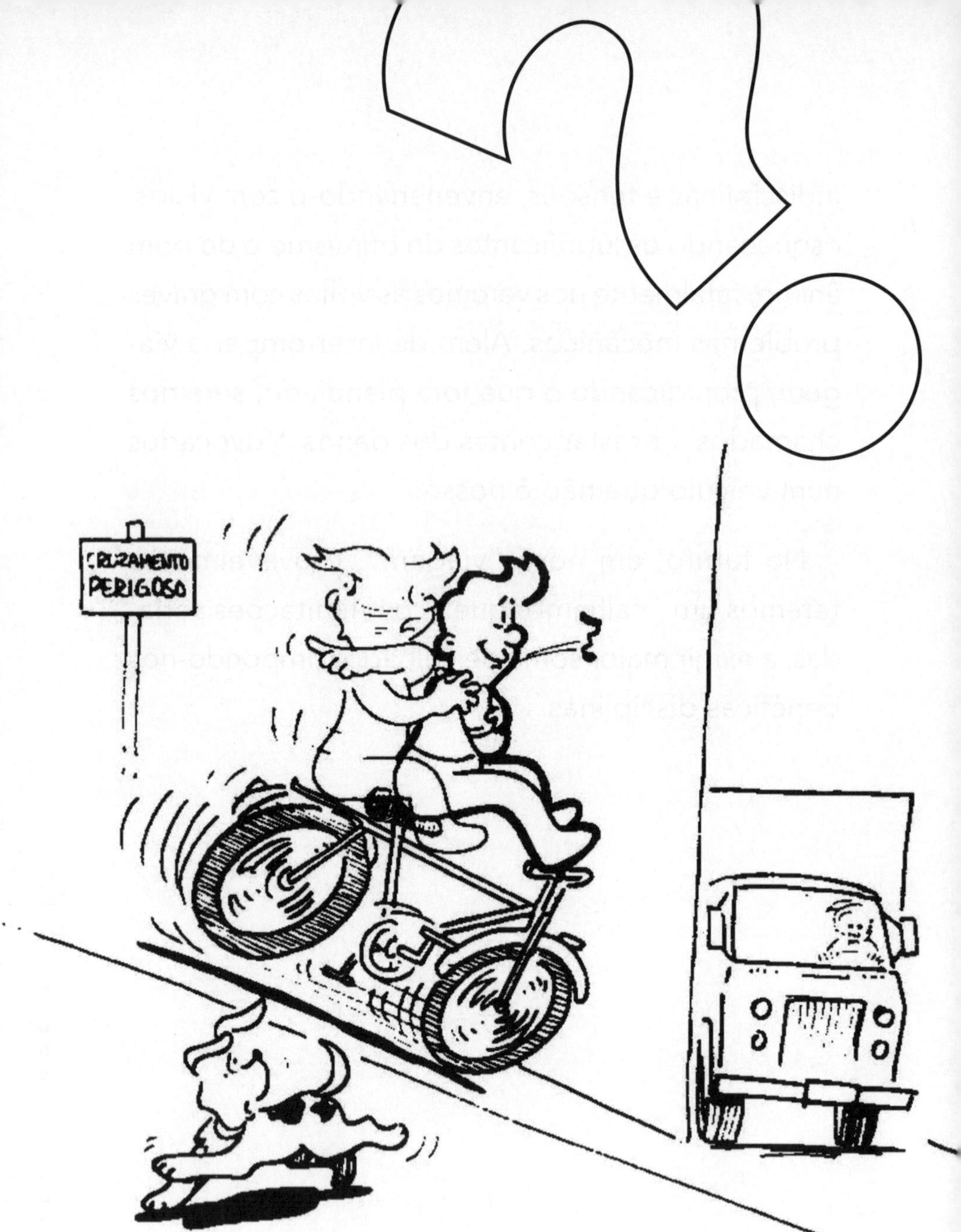
CRUZAMENTO
PERIGOSO

19
JOGO PERIGOSO
● ● ● ● ● ● ● ● ●

Há um jogo sinistro, de humor negro, atribuído aos soviéticos, denominado "roleta russa". Sorteia-se o primeiro participante, que introduz uma bala num revólver. Em seguida, gira aleatoriamente o tambor, encosta o cano nas têmporas e aciona o gatilho. Se ouvir um clique, respirará aliviado e passará a arma ao parceiro. Este repetirá o ritual. Assim farão ambos, sucessivamente, até que um deles estoure os miolos.

Variante brasileira é a "roleta paulista", praticada por jovens em São Paulo, há alguns decênios. Consistia em cruzarem vias preferenciais em alta velocidade, sem respeitar sinais de trânsito, montados em suas possantes motos. Ao sabor da sorte, o motoqueiro poderia chegar incólume do outro lado ou arrebentar-se de encontro a um veículo.

Mortes dessa natureza não podem ser atribuídas à fatalidade. Tanto quanto os que pressionam o corpo com suas intemperanças, estes cultores da aventura regressam prematuramente à Espiritualidade, expulsos do próprio corpo, após destruí-lo com sua inconsequência. São suicidas inconscientes. Nunca pararam para pensar que acabariam se matando e que responderiam por isso.

Algo semelhante ocorre com milhares de pessoas, no mundo inteiro, que se espatifam nas estradas de rodagem, em acidentes fatais. Embora muitas dessas tragédias sejam cármicas, representando o resgate de velhos débitos, há aquelas que não estavam programadas. Aconteceram por imprudência.

Em qualquer setor de atividades, há leis humanas e divinas a serem observadas. Nas estradas, as primeiras estabelecem limites de velocidade, faixas de trânsito, sinalização, locais de conversão, trechos para ultrapassagem. As segundas orientam o respeito à Vida, seja nossa ou do semelhante.

Sempre que deixamos de cumpri-las, candidatamo-nos a acontecimentos funestos que complicam a existência, mormente quando envolvemos outras pessoas.

Somos artífices de nosso destino e o fazemos a curto, médio e longo prazo, no dia a dia, no desdobramento de nossas ações. Num momento de imprudência, podemos complicar a vida física ou deixá-la antes do tempo.

Evidentemente tudo isso representa experiência, num planeta de expiação e provas como a Terra, onde a Sabedoria Divina harmoniza os eventos e aproveita até nossa inconsequência para nos ensinar, porquanto sempre colhemos os frutos dela, aprendendo o que devemos ou não fazer.

No entanto, poderíamos aprender de forma mais suave, com prudência, orando e vigiando, segundo a expressão evangélica. Os que não o fazem jogam uma "roleta existencial", candidatando-se a problemas que poderiam ser evitados e a sofrimentos não programados.

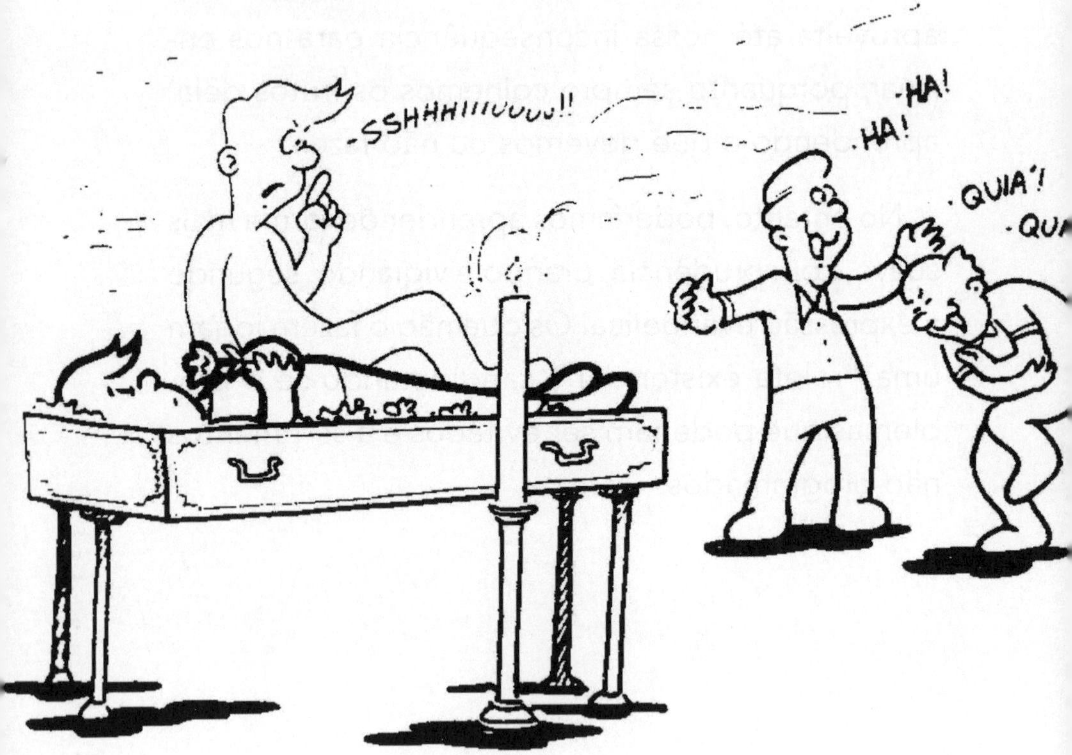
-SSHHHIIIUUUU!!
-HA!
-HA!
-QUIA'!

20
VELÓRIO
● ● ● ● ●

Quando comparecemos a um velório, cumprimos sagrado dever de solidariedade, oferecendo conforto à família. Infelizmente, tendemos a fazê-lo pela metade, com a presença física, ignorando o que poderíamos definir por compostura espiritual, a exprimir-se no respeito pelo ambiente e no empenho de ajudar o morto.

Superada a longa fase das carpideiras, em que obrigatoriamente a presença da morte era encarada como algo terrível, a inspirar compulsórios sentimentos de dor, com a participação de lágrimas abundantes, fomos parar no extremo oposto em que, excetuados os familiares, os circunstantes parecem estar em oportuna reunião social, onde velhos amigos se reencontram, com o ensejo de "pôr a conversa em dia". Contam-se piadas, fala-se de futebol, política, sexo, modas... Ninguém se dá ao trabalho sequer de reduzir o volume da voz, numa zoeira incrível, principalmente ao aproximar-se o horário do sepultamento, quando o recinto acolhe maior número de pessoas.

O falecido é sempre lembrado, até com palavras elogiosas (em princípio todo morto é bom, conforme velha tradição humana), mas fatalmente as reminiscências desembocam em aspectos negativos de seu comportamento, gerando chistes e fofocas.

Imaginemos a situação desconfortante do Espírito, ainda ligado ao corpo, mergulhado num oceano de vibrações heterogêneas, "contribuição" lamentável de pessoas que comparecem em nome da amizade, mas agem como indisciplinados espectadores a dificultar a tarefa de diligente equipe de socorro no esforço por retirar um ferido dos escombros de uma casa que desabou...

Preso à residência temporária transformada em ruína física pela morte, o desencarnante, em estado de inconsciência, recebe o impacto dessas vibrações desrespeitosas e desajustantes que o atingem penosamente, particularmente as de caráter pessoal. Como se vivesse terrível pesadelo, ele quer despertar, luta por readquirir o domínio do corpo, quedando-se angustiado e aflito.

Num velório concorrido, com expressivo acompanhamento ao túmulo, comenta-se:

Que belo enterro! Quanta gente!

No entanto, nem sempre o que nos parece agradável é bom, principalmente quando confrontamos a realidade física com a espiritual. Quanto maior o número de pessoas, mais heterogêneas as conversas, mais carregado o ambiente, maior o impacto sobre o falecido.

Há algum tempo estive em um hospital, providenciando o sepultamento de um indigente. Acertada a documentação necessária, o morto partiu para o cemitério no carro fúnebre, sem nenhum acompanhamento. Eu próprio não pude fazê-lo, em virtude de obrigações profissionais.

Que tristeza! Velório vazio! Enterro solitário!

Espiritualmente, melhor assim. Não havia ninguém para atrapalhar e os benfeitores espirituais puderam realizar mais tranquilamente sua tarefa, libertando o prisioneiro de acanhada prisão de carne para reconduzi-lo aos gloriosos horizontes espirituais.

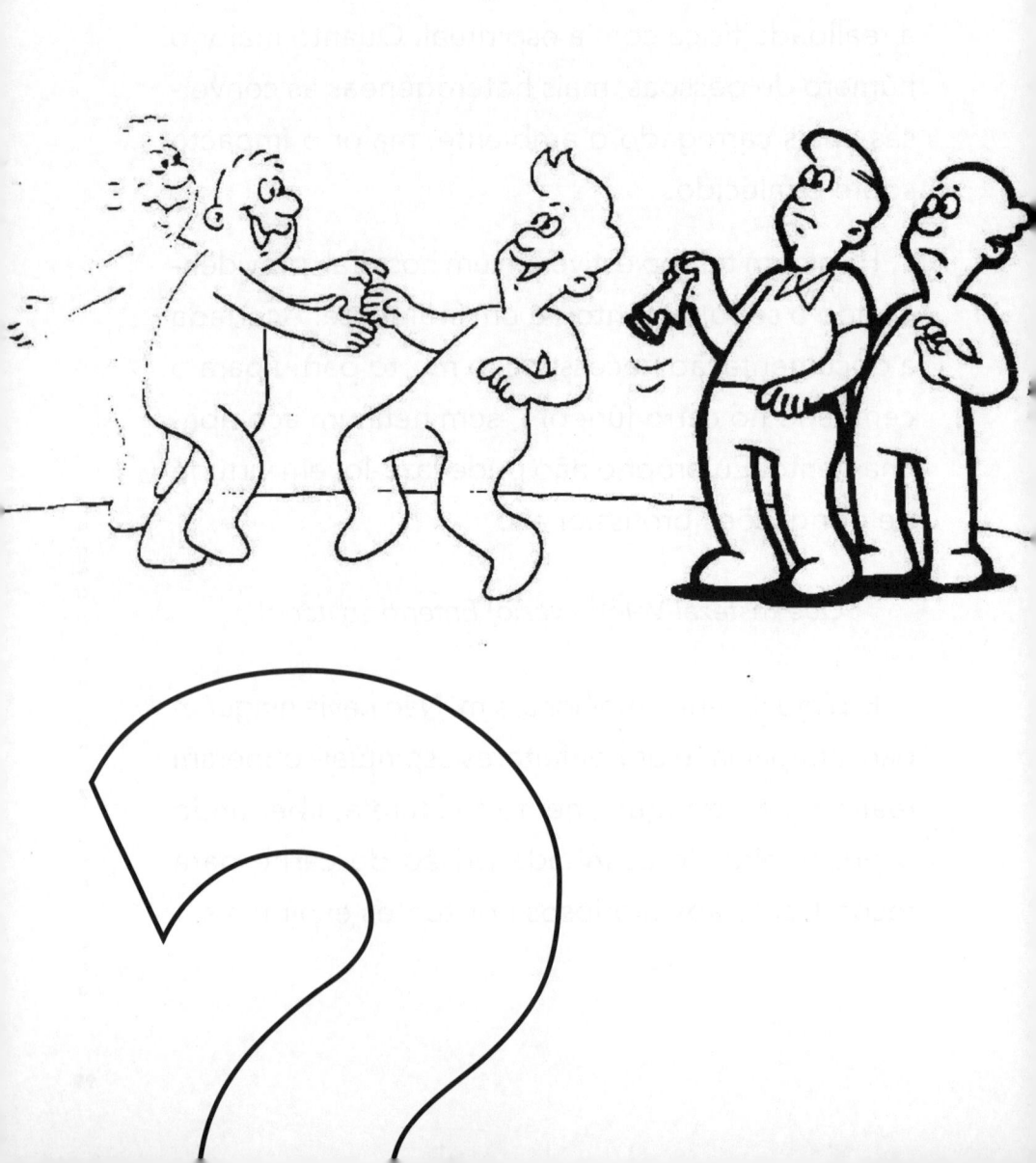

21
VELÓRIO IDEAL
● ● ● ● ● ● ● ●

Comparecemos, certa feita, ao velório de um companheiro de Doutrina. Os familiares, espíritas também, perfeitamente conscientes dos problemas relacionados com o desligamento, ofereceram-lhe inestimável apoio e edificante exemplo de equilíbrio e compostura que sensibilizou muita gente.

Não havia nenhum aparato fúnebre. Apenas flores, muitas flores e música suave, convidando à meditação. Viúva e filhos recebiam as condolências com serenidade, vertendo lágrimas discretas, amenizando o transe de amargura com uma perfeita conformação aos Desígnios Divinos. Pedia-se silêncio e oração.

Por duas ou três vezes, no desdobramento das horas, eram lidos, em voz pausada, textos espíritas relacionados com a morte, destacando a situação do Espírito ainda ligado ao corpo, alertando os presentes de suas responsabilidades diante de alguém que, no limiar da Vida Espiritual, ave prestes a deixar a gaiola que a aprisiona, tem as asas ainda frágeis e compreensíveis inibições, problemas que podem ser agravados ou minimizados pelos circunstantes.

Antes que fosse cerrada a urna mortuária, no horário aprazado, alguém falou brevemente sobre o significado da morte, indevidamente situada como o fim da vida, quando é apenas um desdobramento dela, em horizontes mais amplos, inacessíveis ao olhar humano, destacando curiosa contradição:

Na dimensão física, a sensação de perda pessoal, a atmosfera de tristeza, a dolorida saudade...

Na dimensão espiritual, a alegria de familiares e amigos, antecipando o reencontro feliz...

Em seguida, o expositor convidou à oração, dirigindo-se a Jesus, situando-o por divino intermediário do carinho e da solicitude de todos em favor do passageiro da Eternidade, desejando-lhe muita paz e um feliz regresso à Pátria Espiritual.

Quem conhece os problemas que envolvem o desencarne tem o indeclinável dever de contribuir para que os velórios se transformem em ambientes de muito respeito e compostura.

Podemos fazê-lo a partir de nosso próprio exemplo. Sejamos comedidos. Cultivemos o silêncio, conversando, se necessário, em voz baixa, de forma edificante. Falemos do morto com discrição, evitando pressioná-lo com lembranças e emoções passíveis de perturbá-lo, principalmente se foram trágicas as circunstâncias de seu falecimento. E oremos muito em seu benefício...

Se não conseguirmos manter semelhante comportamento, melhor que nos retiremos, evitando engrossar o barulhento concerto de vozes e vibrações desrespeitosas que tanto atrapalham o morto.

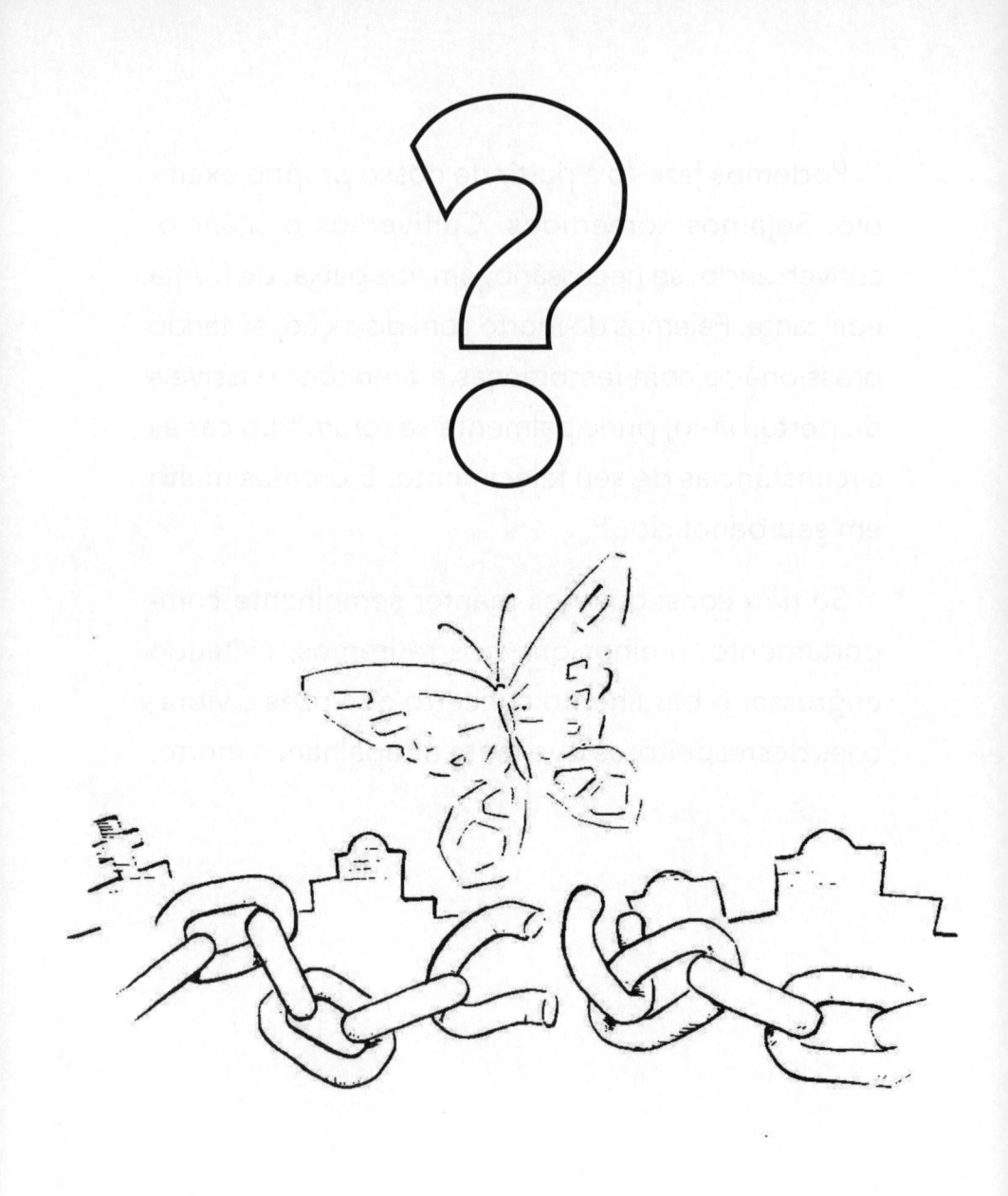

22
EM FAVOR DELE[6]

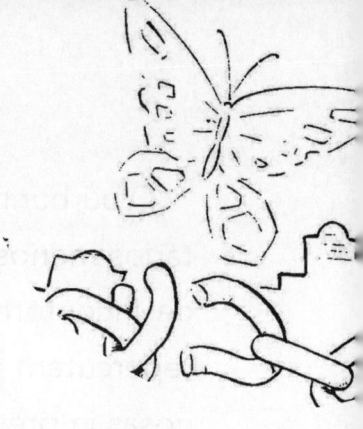

● ● ● ● ● ● ● ●

Amigo, se cultivas um princípio religioso, sabes que a morte não é o fim. O Espírito eterno[7], com os potenciais de inteligência e sentimento que lhe definem a individualidade, simplesmente deixa o cárcere de carne, qual borboleta livre do casulo, rumo à amplidão.

Raros, entretanto, estão preparados para a grandiosa jornada. Poucos exercitam asas de virtude e desprendimento.

Natural, portanto, que o "morto" experimente dificuldades de adaptação à realidade espiritual, principalmente quando não conta com a cooperação daqueles que comparecem ao velório, no arrastar das horas que precedem o sepultamento.

---

[6] Distribuímos esta mensagem nos velórios de Bauru, com boa receptividade. Tendo em vista a heterogeneidade de crenças das pessoas presentes, evitamos alusões mais claras aos problemas de desligamento.

[7] N.E.: Entenda-se por Espírito eterno: Espírito imortal, pois, a rigor, somente Deus é eterno, por não ter tido começo nem terá fim.

O burburinho das conversas vazias e dos comentários menos edificantes, bem como os desvarios da inconformação e o desequilíbrio da emoção, repercutem em sua consciência, impondo-lhe penosas impressões.

Se é alguém muito querido ao teu coração, considera que ele precisa de tua coragem e de tua confiança em Deus. Se não aceitas a separação, questionando os Desígnios Divinos, teu desespero o atinge, inclemente, qual devastador vendaval de angústias...

Se é o amigo que admiras, por quem nutres especial consideração, rende-lhe a homenagem do silêncio, respeitando a solene transição que lhe define novos rumos...

Se a tua presença se inspira em deveres de solidariedade, oferece-lhe, na intimidade do coração, a caridade da prece singela e espontânea, sustentando-lhe o ânimo.

Lembra-te de que um dia também estarás de pés juntos, deitado numa urna mortuária e, ainda preso às impressões da vida física, desejarás, ardentemente, que te respeitem a memória e não conturbem teu desligamento, amparando-te com os valores do silêncio e da oração, da serenidade e da compreensão, a fim de que atravesses com segurança os umbrais da Vida Eterna...

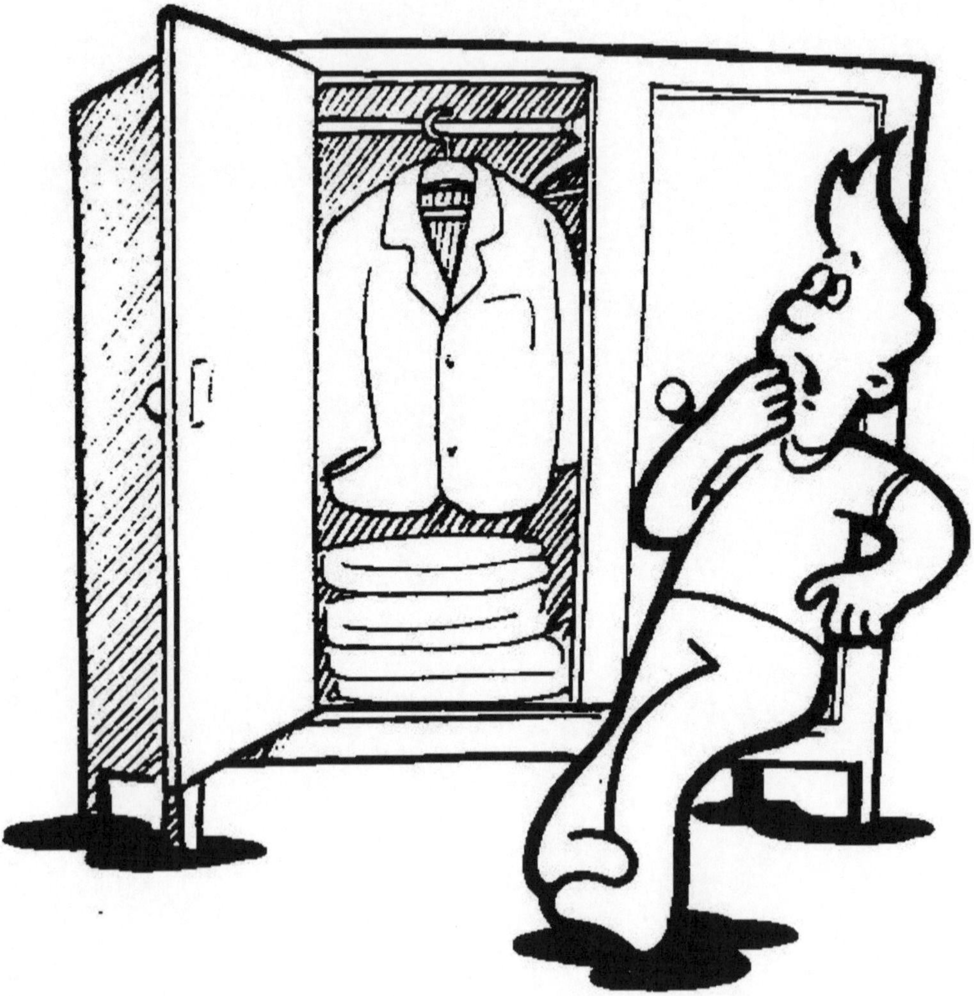

23
A VESTE NO GUARDA-ROUPA
● ● ● ● ● ● ● ●

As cenas mais fortes dos filmes de horror, aquelas "de arrepiar", mostram, geralmente, urnas funerárias e cadáveres.

Os cineastas que exploram o medo mórbido e atávico da criatura humana em relação à morte, para atender os que cultivam o insólito prazer de levar sustos, ver-se-ão na contingência de escolher outros temas, na proporção em que compreendermos que o caixão fúnebre é apenas uma caixa de madeira forrada de pano e que o cadáver nada mais é que a vestimenta carnal de alguém que, após o estágio terrestre, regressou ao mundo de origem – o Plano Espiritual.

Seria ridículo sentir arrepios ao contemplar um guarda-roupa ou, dentro dele, o traje de um familiar ausente. No entanto, é exatamente isso que ocorre com muita gente em relação à morte. Conhecemos pessoas que, sistematicamente, recusam-se comparecer a velórios, refratárias a contatos com caixões e defuntos, mesmo quando se trate de familiares, dominadas por indefiníveis temores. Provavelmente, têm traumas relacionados com ocorrências trágicas no pretérito.

Para a grande maioria, entretanto, o problema tem origem na forma inadequada de encarar a grande transição, principalmente por um defeito de formação na idade infantil.

Lembro-me de que nos meus verdes anos, várias vezes fui instado a beijar familiares mortos, o que fazia com constrangimento, avesso ao contato de meus lábios com a face fria, descorada e rígida de alguém que eu conhecera pleno de vida, com quem convivera e que agora quedava-se, inerte, solene, sombrio... E me deixava contagiar pelas lágrimas de desespero e doridas lamentações dos menos comedidos, sedimentando em minha cabeça a ideia de que a morte é algo de terrível e apavorante, uma infeliz imagem que somente na idade adulta, com o conhecimento espírita, consegui superar.

É preciso muito cuidado com as crianças, habituando-as à concepção de que somos seres espirituais eternos, usando uma veste de carne que um dia deixaremos, assim como se abandona um traje desgastado, após determinado tempo de uso.

É dessa forma que o corpo sem vida deve ser mostrado à criança, quando se disponha a vê-lo, explicando-lhe, em imagens singelas, de acordo com seu entendimento, que o vovô, a titia, o papai ou qualquer familiar desencarnado foi morar em outro lugar, onde terá roupa nova e bem melhor.

Igualmente importante é o exemplo de serenidade e equilíbrio dos adultos, oferecendo aos pequenos uma visão mais adequada da morte, situando-a como a separação transitória de alguém que não morreu. Apenas partiu.

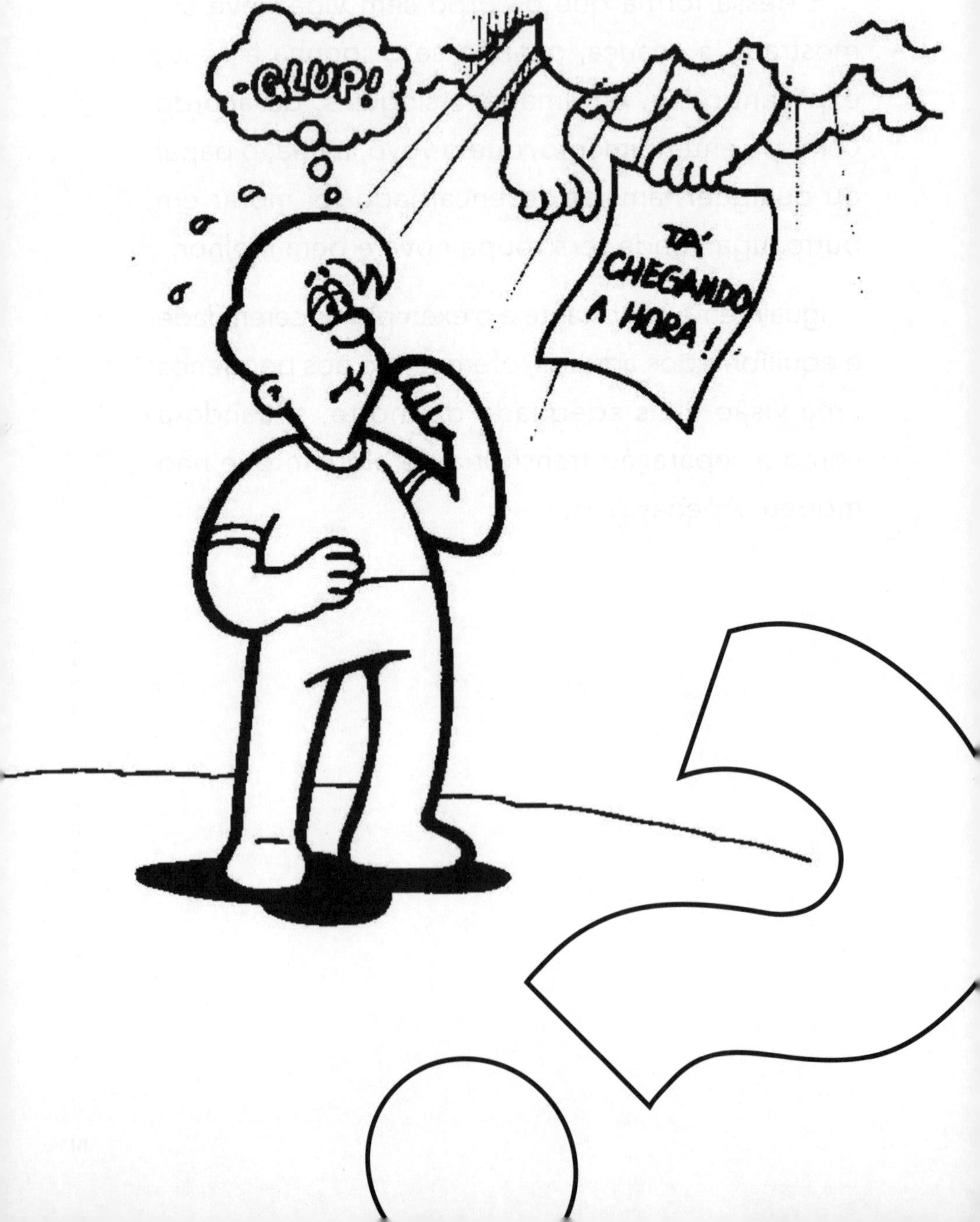
GLUP!
TÁ CHEGANDO A HORA!

24
AVISOS DO ALÉM
● ● ● ● ● ● ● ● ● ●

O Doutor Flávio Pinheiro, dedicado médico espírita de Ibitinga, procurou-me.

– Richard, vim convidá-lo para um "ofício fúnebre".

– ?!

– Quero que "encomende minh'alma" pronunciando oração antes do sepultamento. E peça ao pessoal para não me perturbar com lamentações e tristezas.

– Que é isso, Doutor! O senhor não morrerá tão cedo! Tem muitas dívidas a resgatar!...

– Sim, meu caro amigo, sou um grande pecador. Só que vou desencarnar assim mesmo. Devo submeter-me a delicada e inadiável cirurgia cardíaca, em São Paulo, e tenho certeza de que estou de partida para a Espiritualidade.

Embora censurando seu pessimismo, concordei em atender à insistente solicitação.

Alguns dias depois, fui convocado ao cumprimento da promessa. O Doutor Flávio Pinheiro falecera em plena cirurgia.

* * *

O casamento seria simples, sem festa. Apenas a presença de familiares e poucos amigos. Dentre estes a jovem noiva fazia questão de um muito querido: Caetano Aielo, velho lidador espírita de Bauru.

– Quanto tempo falta? –Indagou o convidado.

– Três meses.

– Ah! Então não será possível...

– Vai fazer desfeita?! Brigo com o senhor! Sua presença é indispensável! Cancele outros compromissos!

– Este compromisso não posso cancelar, minha filha. O "pessoal lá de cima" vem me intuindo que em breve partirei...

Dois meses depois, Caetano Aielo, que não tinha nenhum problema grave de saúde, adoeceu e, em poucos dias, faleceu.

* * *

Temos aqui as famosas premonições. O indivíduo experimenta forte impressão quanto à iminência de um acontecimento (primeiro caso), ou se sente informado a respeito dele (segundo caso).

Assim como muitos animais possuem determinados mecanismos que lhes permitem captar a proximidade de uma tempestade ou de um tremor de terra, antes que se manifeste, há pessoas dotadas de sensibilidade especial para prever ocorrências futuras. Isso é instintivo nelas.

Em relação à morte, a premonição é frequentemente disparada a partir da interferência de benfeitores espirituais, objetivando ajudar o candidato ao desencarne e seus familiares. Embora possa ser assustadora, prepara psicologicamente as pessoas envolvidas em relação a acontecimentos que não as colherão desprevenidas, nem se constituirão em surpresa chocante.

Principalmente quando envolve desencarne trágico, como num acidente de trânsito, a informação premonitória é profundamente consoladora, permitindo à família compreender que não houve nada de fortuito, ocasional e, muito menos, indevido. Simplesmente cumpriram-se desígnios divinos, no instituto das provações humanas.

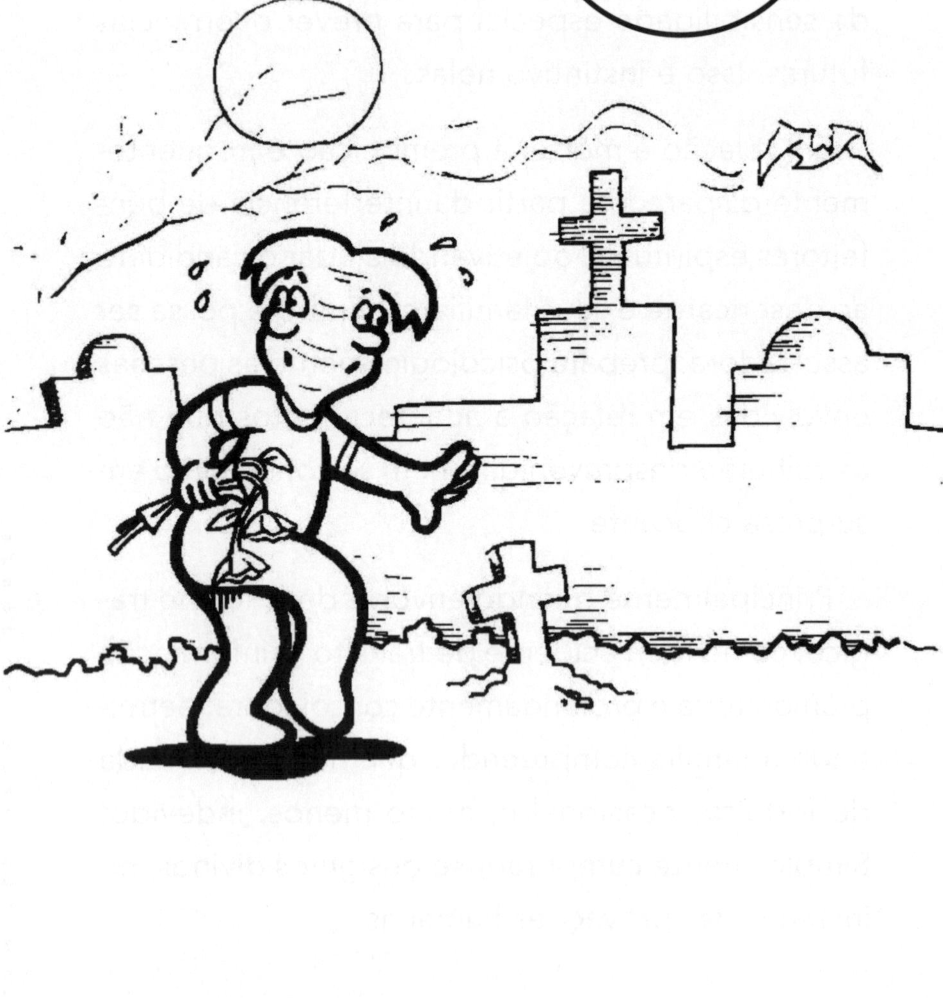

25
ESTRANHO CULTO
● ● ● ● ● ● ● ● ●

– Olá, passeando?

– Sim, visitarei meu filho...

– Como?! Ele não morreu?!

– Vou ao cemitério...

* * *

Este diálogo surrealista ocorre com frequência. As pessoas dispõem-se a visitar os mortos no cemitério. Levam flores e cuidam com muito carinho do túmulo, a "última morada".

Determinados cultos religiosos chegam a orientar seus profitentes no sentido de levar-lhes alimentos. E há a tradicional queima de velas, para "iluminar os caminhos do além".

Certa vez, em minha infância, alguns companheiros e eu, garotos arteiros, fomos ao cemitério onde "afanamos" dezenas de velas, pretendendo usá-las em nossas brincadeiras.

Ao ter conhecimento da proeza, minha avó, uma velhinha italiana muito querida, zelosa das tradições religiosas, recolheu-as todas e, após admoestar-me com severidade pelo desrespeito, acendeu-as na varanda de nossa casa.

– Velas por intenção das Almas – explicou solene – devem queimar até o fim!

Dei graças aos Céus por vê-la desistir da ideia de obrigar-me a retornar ao cemitério, em plena noite, restituindo-as, acesas, aos "proprietários". Com a generosidade que lhe era peculiar, aceitou o argumento de que seria impossível identificar exatamente as sepulturas de onde as retiramos.

Há uma incrível deformação nas concepções a respeito do assunto. Muita gente não consegue assimilar plenamente a ideia de que o Espírito eterno[8] segue seu destino no Plano Espiritual, deixando no cemitério apenas vestes carnais em decomposição, que nada tem a ver com sua individualidade, tanto quanto o terno de um indivíduo não é ele próprio.

A frequência aos cemitérios se configura, assim, como autêntico "culto aos cadáveres", que

---

[8] N.E.: *Vide* Nota na página 105.

desaparecerá na proporção em que a criatura humana assimilar noções mais amplas sobre a vida espiritual.

Ressalte-se que, quando pensamos intensamente naqueles que partiram, é como se os evocássemos, trazendo-os até nós.

Não convertamos, portanto, as necrópoles em "salas de visita do além". Há locais mais aprazíveis para esse contato, principalmente para o "morto". Se ele desencarnou recentemente e ainda não está perfeitamente adaptado às novas realidades, sentir-se-á pouco à vontade na contemplação de seus despojos carnais.

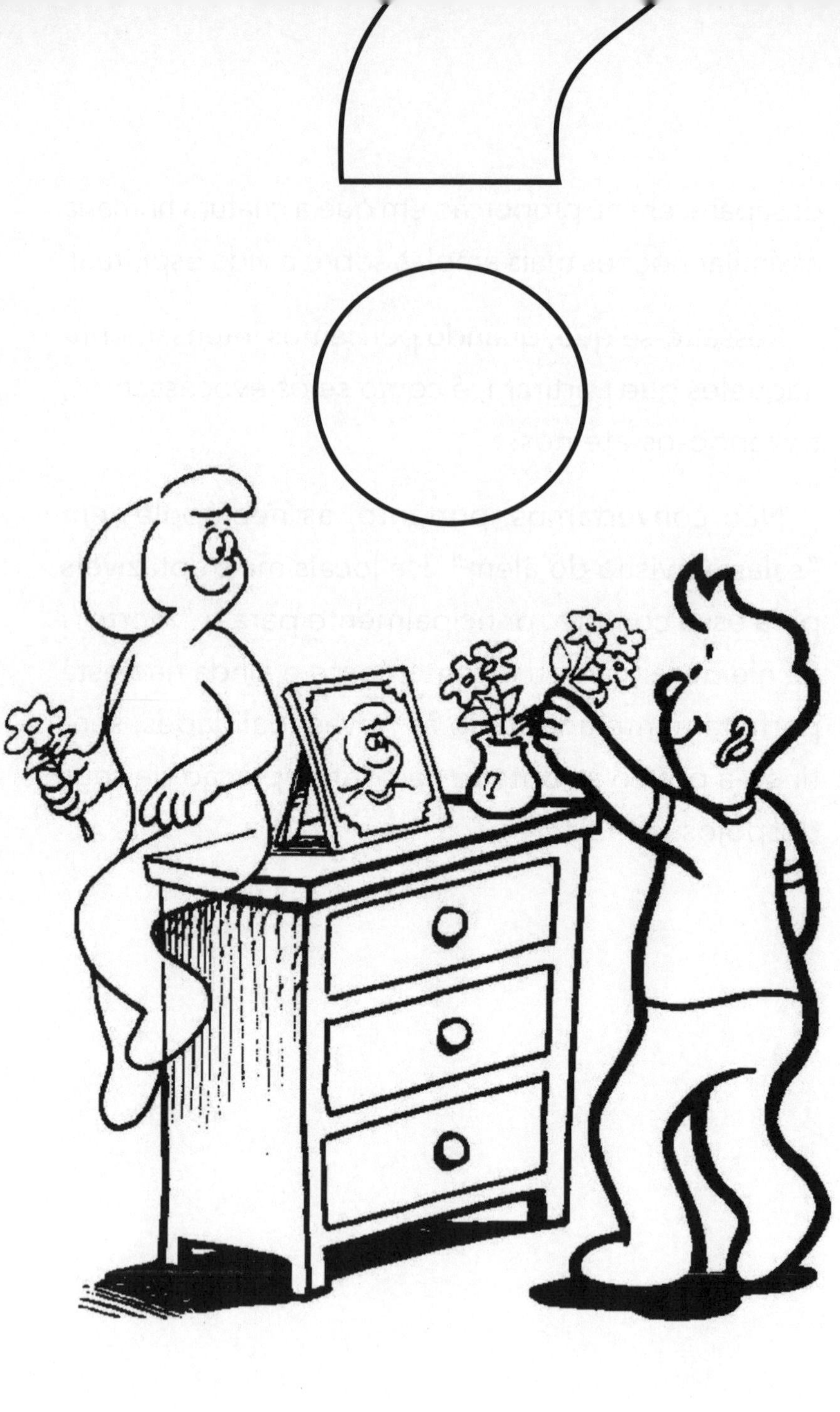

26
FLORES DE SAUDADE

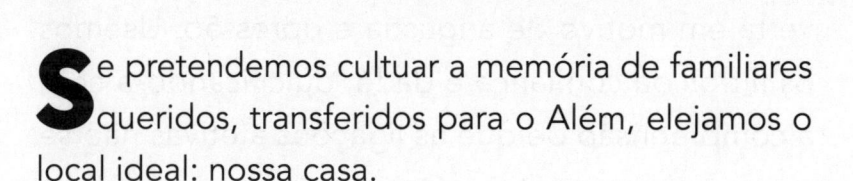

Se pretendemos cultuar a memória de familiares queridos, transferidos para o Além, elejamos o local ideal: nossa casa.

Usemos muitas flores para enfeitar a Vida, no aconchego do lar; nunca para exaltar a morte, na frieza do cemitério.

Eles preferirão, invariavelmente, receber nossa mensagem de carinho, pelo correio da saudade, sem selagem fúnebre.

É bom sentir saudade. Significa que há amor em nossos corações, o sentimento supremo que empresta significado e objetivo à existência.

Quando amamos de verdade, com aquele afeto puro e despojado, que tem nas mães o exemplo maior, sentimo-nos fortes e resolutos, dispostos a enfrentar o mundo.

E talvez Deus tenha inventado a ilusão da morte para que superemos a tendência milenar de aprisionar o amor em círculos fechados de egoísmo familiar, ensinando-nos a cultivá-lo em plenitude, no esforço da fraternidade, do trabalho em favor do semelhante, que nos conduz às realizações mais nobres.

Não permitamos, assim, que a saudade se converta em motivo de angústia e opressão. Usemos os filtros da confiança e da fé, dulcificando-a com a compreensão de que as ligações afetivas não se encerram na sepultura. O Amor, essência da Vida, estende-se, indestrutível, às moradas do Infinito, ponte sublime que sustenta, indelével, a comunhão entre a Terra e o Céu...

Há, pois, dois motivos para não cultivarmos tristeza:

Sentimos saudade – não estamos mortos...

Nossos amados não estão mortos – sentem saudade...

E se formos capazes de orar, contritos e serenos, nesses momentos de evocação, orvalhando as flores da saudade com a bênção da esperança, sentiremos a presença deles entre nós, envolvendo suavemente nossos corações com cariciosos perfumes de alegria e paz.

2

27
CREMAÇÃO
● ● ● ● ●

O medo de ser enterrado vivo induz muita gente a cogitar da própria cremação. Queima-se o cadáver evitando o problema. Mas há uma dúvida que inspira a pergunta mais frequente nas palestras sobre a morte:

– Se, no ato crematório, eu ainda estiver preso ao corpo, o que acontecerá?

Nessas oportunidades, costumo dizer:

– Bem, no interior do forno a temperatura atinge mil e quatrocentos graus centígrados. Considerando que a água ferve a cem graus, podemos imaginar o que é isso. Fica tão quente que o próprio cadáver entra em combustão. Então, em meio às labaredas, se o falecido estiver imbuído de concepções teológicas medievais, imaginará, horrorizado: "Meu Deus! Estou no Inferno!"

Trata-se, evidentemente, de uma brincadeira para descontrair os presentes, ante tema tão fúnebre.

Qualquer pessoa esclarecida, de qualquer religião, sabe que o Inferno de fogo, onde as almas ardem, em tormentos eternos, sem se consumirem, é uma fantasia desenvolvida em tempos recuados, quando os princípios religiosos se impunham muito mais pelo medo do que pela lógica. Sabemos hoje que Céu ou Inferno não são locais geográficos. Existem na intimidade de cada um, em decorrência de nossas ações.

Objetivamente, poderíamos responder à pergunta informando que, se o Espírito estiver ligado ao corpo, não sofrerá dores, porque o cadáver não transmite sensações ao Espírito, mas, obviamente, experimentará impressões extremamente desagradáveis, além do trauma decorrente de um desligamento violento e extemporâneo. Oportuno destacar algumas considerações de Emmanuel, no livro *O consolador*, psicografia de Francisco Cândido Xavier:

> Na cremação, faz-se mister exercer a piedade com os cadáveres, procrastinando por mais horas o ato de destruição das vísceras materiais, pois, de certo modo, existem sempre muitos ecos de sensibilidade entre o Espírito desencarnado e o corpo, onde se extinguiu o "tônus vital", nas primeiras horas sequentes ao

desenlace, em vista dos fluidos orgânicos que ainda solicitam a alma para as sensações da existência material.

O próprio Chico, em entrevista na extinta televisão Tupi, em 1971, transmite nova informação de Emmanuel:[9] "Deve-se esperar pelo menos setenta e duas horas para a cremação, tempo suficiente, ao que parece, para o desligamento, ressalvadas as exceções envolvendo suicidas ou pessoas muito presas aos vícios e aos interesses humanos".

Nos fornos crematórios de São Paulo, espera-se o prazo legal de vinte e quatro horas. Não obstante, o regulamento permite que o cadáver permaneça em câmara frigorífica pelo tempo que a família desejar. Espíritas costumam pedir três dias. Há quem peça sete dias.

Importante reconhecer, todavia, que muito mais importante que semelhantes cuidados seria cultivarmos uma existência equilibrada, marcada pelo esforço da autorrenovação e da prática do Bem, a fim de que, em qualquer circunstância de nossa morte, libertemo-nos prontamente, sem traumas, sem preocupação com o destino de nosso corpo.

---
[9] Consta do livro "Chico Xavier – dos hippies aos problemas do mundo", cap. 18.

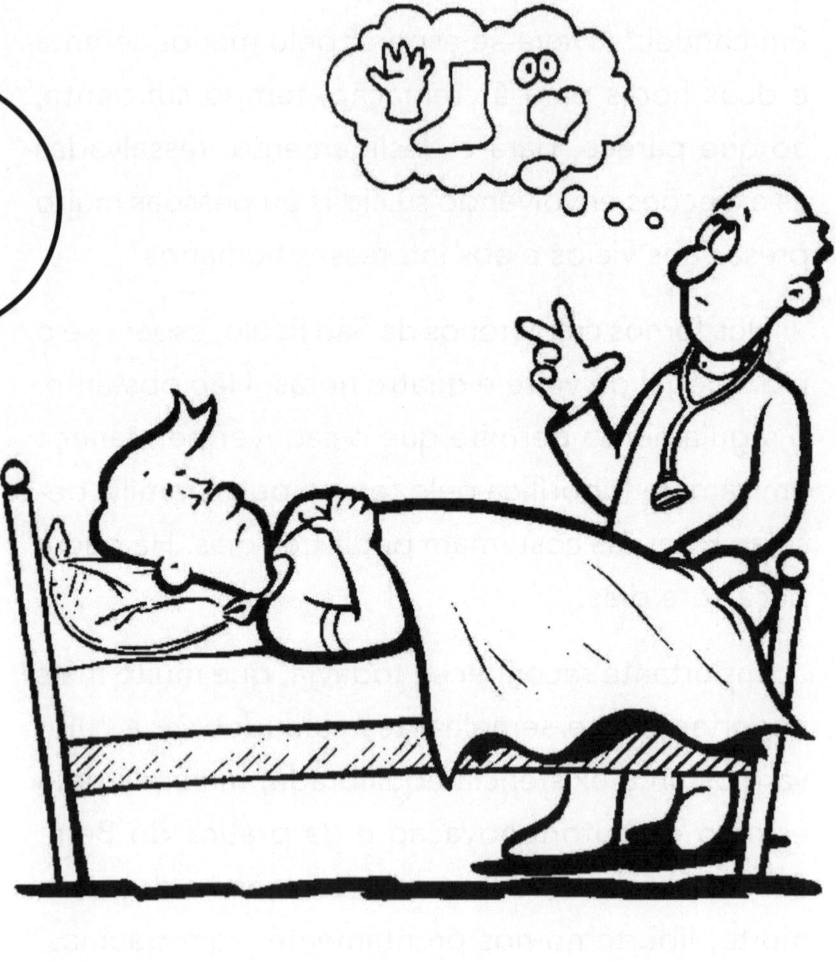

28
TRANSPLANTES
● ● ● ● ● ● ● ● ●

O avanço da Medicina em técnicas cirúrgicas e a descoberta de drogas que eliminam ou reduzem substancialmente os problemas de rejeição descerram horizontes muito amplos para o transplante de órgãos. Constituem rotina, atualmente, nos grandes centros médicos, os de córnea, ossos, pele, cartilagens e vasos; multiplicam-se os de coração, rim e fígado, considerados impossíveis há algumas décadas. Assim como os bancos de sangue, surgem os que se especializam em olhos, ossos, pele...

Considerando o fato de que o Espírito não se desprende imediatamente após a morte, surgem algumas dúvidas: Sentirá dores? Experimentará repercussões no perispírito? Quem doa seus olhos não sofrerá problemas de visão na Espiritualidade?

Normalmente, o ato cirúrgico não implica em dor para o desencarnante. Como já comentamos, a agonia impõe uma espécie de anestesia geral ao moribundo, com reflexos no Espírito, que tende a dormir nos momentos cruciais da grande transição. Ainda que conserve a consciência, o corpo em colapso geralmente não transmite sensações de dor.

Não há, também, reflexos traumatizantes ou inibidores no corpo espiritual, em contrapartida à mutilação do corpo físico. O doador de olhos não retornará cego ao Além. Se assim fosse, que seria daqueles que têm o corpo consumido pelo fogo ou desintegrado numa explosão?

A integridade do perispírito está intimamente relacionada com a vida que levamos e não ao tipo de morte que sofremos ou à destinação de nossos despojos carnais.

Nesse aspecto, importante frisar sempre, a maior violência que nos afeta perispiritualmente, mergulhando-nos em infernos de angústia e dor: é o suicídio.

Não obstante, em relação aos transplantes, há um problema a ser resolvido: tratando-se de órgãos vitais como o coração e o fígado, a cirurgia deve ter início tão logo ocorra a morte cerebral (quando o cérebro deixa de funcionar), antes que se consume a morte clínica, determinada pela parada cardíaca.

Essa prática equivale, a nosso ver, à eutanásia, porquanto nem sempre a morte clínica ocorre imediatamente após a morte cerebral.

Geralmente nesses transplantes são utilizados os órgãos de pessoas que sofreram acidentes, inclusive vasculares. Não há possibilidade de aproveitamento em pessoas que falecem por velhice ou vitimadas por moléstias de longo curso. Ora, em benefício do acidentado, é importante que, tendo ocorrido a morte cerebral, permita-se que a Natureza siga seu curso e que a morte clinica venha naturalmente. Algumas horas, dias ou semanas nessa situação, embora representem constrangimento e angústia para os familiares, ensejarão um desencarne menos traumatizante ao Espírito.

No futuro, a Medicina desenvolverá, certamente, técnicas que permitam a retirada desses órgãos vitais para doação após consumar-se a morte, sem medidas drásticas passíveis de complicar o processo desencarnatório.

Adendo ao texto original, em janeiro de 2010:

> Meu caro leitor, quando este livro foi escrito, em 1986, não estava consagrado o conceito de morte cerebral ou encefálica, aquele momento em que o cérebro é zerado, conforme o registro do eletroencefalograma, caracterizando o óbito.
>
> O coração, que pararia de imediato, pode ser sustentado artificialmente, por algumas horas, garantindo a respiração, ligado a sofisticados aparelhos, providência indispensável para o transplante de determinados órgãos.
>
> Não há, portanto, por que considerar-se uma eutanásia a retirada do coração, do fígado, dos rins, do pâncreas, dos pulmões, de alguém literalmente morto, ainda que supostamente vivo.
>
> Embora não seja um ponto de vista da Doutrina Espírita, já que na época de Kardec não se cogitava do assunto, há um consenso no meio espírita favorável à doação de órgãos nobres, que devem ser retirados em vida para viabilizar o transplante, desde que sejam tomados todos os cuidados no sentido de constatar-se, sem sombra de dúvida, a ocorrência da morte encefálica ou cerebral.

?

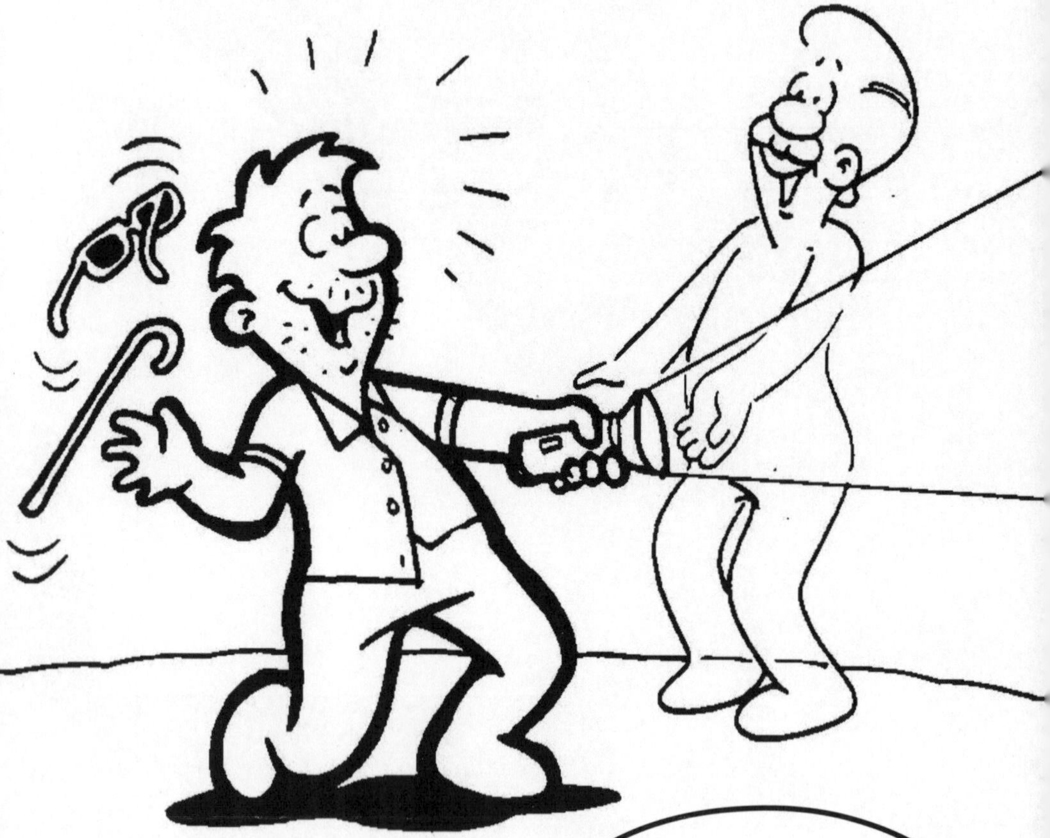

2

29
ABENÇOADA
CARIDADE
● ● ● ● ●

Um dos transplantes mais simples, com problemas mínimos de rejeição e de resultados extremamente felizes, é o de córnea.

A cirurgia para retirada dos olhos do doador é rápida, não deixa marcas exteriores e pode ser realizada até seis horas após o óbito, o que evita o problema a que nos referimos no capítulo anterior.

Todos podemos doar nossos olhos, sem restrições quanto à idade ou às circunstâncias da morte. Desde que não estejam comprometidas por lesões, as córneas serão aproveitadas.

Para fazê-lo, basta procurar um banco de olhos em nossa cidade (funciona geralmente em hospital) e efetuar a inscrição. Em cidades menores, qualquer médico, oftalmologista, de preferência, orientará a respeito.

Paralelamente, informemos os familiares sobre as providências, na eventualidade de nosso falecimento. Sobretudo, é preciso conscientizá-los de que não lhes compete contrariar nossas disposições a respeito do corpo que deixamos. Nossa vontade deve ser respeitada.

Esse cuidado é indispensável, porquanto alguém deverá dar o consentimento para a cirurgia e é muito comum que ninguém se disponha a fazê-lo. Prevalecem nessas ocasiões as superstições milenárias a respeito da morte. Muitos consideram uma profanação o aproveitamento de órgãos do defunto, dominados por velhos condicionamentos.

Além de constituir um exercício de coragem, rompendo com arraigados preconceitos, a doação dos olhos é um abençoado ato de caridade. Imaginemos nossa alegria na Espiritualidade, ao recebermos a notícia de que nossa modesta dádiva – pequena parte de uma veste em desuso – proporcionou a alguém o mais precioso de todos os tesouros: o dom de enxergar!

E não tenhamos dúvida de que haverá um cuidado mais amplo dos benfeitores espirituais, evitando que nossa generosidade implique em qualquer constrangimento para nós, proporcionando-nos, ainda, condições para que mais facilmente superemos os problemas de adaptação às realidades de além-túmulo.

A esse propósito, oportuno destacar a experiência do jovem Wladimir Cezar Ranieri, descrita no livro *Amor e saudade*, organizado por Rubens Sílvio Germinhasi, com mensagens psicografadas por Francisco Cândido Xavier.

Wladimir fez a doação de seus olhos, extraídos após morte motivada por um tiro que desfechou no peito. Transcrevemos trechos da mensagem do jovem suicida, dirigida aos pais, onde há referências aos benefícios que colheu como doador, não obstante o gesto tresloucado:

> Sei que entrei num pesadelo e via o meu próprio sangue a rolar do peito como se aquele filete rubro não tivesse recursos de terminar.
>
> O suicida é um detento sem grades.
>
> Admito que os irmãos com problemas semelhantes aos meus se reconhecem presos sem algemas e sem cárcere, porque ninguém foge de si mesmo.

Graças a Deus, melhorei da hemorragia incessante que me enlouquecia. Depois de algumas semanas de aflição, um médico apareceu com uma boa-nova.

Ele me disse que as preces de uma pessoa que se beneficiara com a córnea que doei ao Banco de Olhos se haviam transformado para mim num pequeno tampão que, colocado sobre o meu peito no lugar que o projétil atingira, fez cessar o fluxo do sangue imediatamente. Eu, que não fizera bem aos outros, que me omiti sempre na hora de servir, compreendi que o bem, mesmo feito involuntariamente por uma pessoa morta, é capaz de revigorar-nos as forças da existência.

2

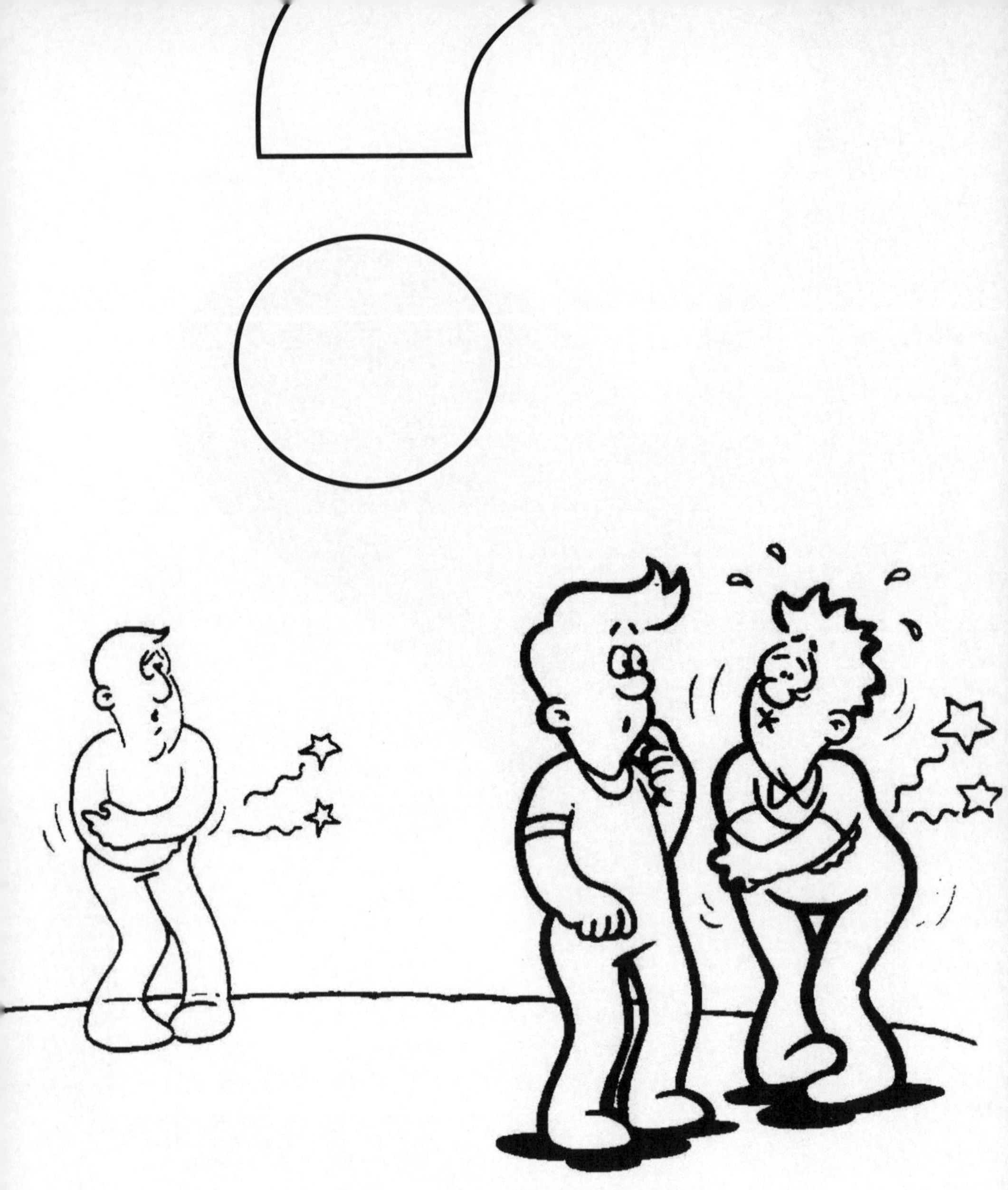

30
CURIOSA OBSESSÃO
● ● ● ● ● ● ● ● ● ●

As tensões e mágoas decorrentes do falecimento de um ente querido, quando não são usados os abençoados recursos da prece e da aceitação, podem gerar problemas de saúde. Se recusamos buscar a normalidade, com o retorno às rotinas do dia a dia, cultivando a vocação de viver, fatalmente colhemos complicados desajustes físicos e psíquicos.

Por estranho que pareça, pode contribuir para tal situação a presença do falecido que, despreparado para as realidades de além-túmulo e, desconhecendo seu estado, retorna ao lar, tendendo a associar-se mediunicamente aos componentes do grupo familiar. Daí a razão pela qual há pessoas que experimentam os mesmos sintomas do mal que o afligia. Se o falecimento foi decorrente de grave crise pulmonar, sentem dores no peito, opressão, falta de ar...

É que, em face da ligação estabelecida, o morto lhes transmite impressões não superadas, relacionadas com o final de sua existência, agindo como um sonâmbulo que fala e ouve, a perturbar-se porque ninguém lhe dá atenção.

O tratamento médico ajuda, mas não resolve, porquanto atinge apenas efeitos, sem remover as causas. A Doutrina Espírita, que se apresenta numa vanguarda em relação ao assunto, oferece amplos recursos de auxílio às duas partes:

1. O reencarnado beneficia-se no Centro Espírita com o passe magnético, a água fluidificada, a orientação de como encarar a morte e a visão objetiva da existência humana.

2. O desencarnado que, imantado ao doente, também comparece e recebe valiosa assistência dos benfeitores espirituais, destacando-se a manifestação mediúnica quando, em contato com as energias físicas do médium, revigora-se e experimenta momentos de lucidez, como alguém que despertasse de longo sono, habilitando-se a ser esclarecido.

Desfaz-se, assim, o processo obsessivo movido involuntariamente pelo desencarnado, que apenas buscava socorro, amparo, atenção...

Ressalte-se que, não raro, ele é muito mais obsidiado que obsessor. Sem defesa e sem preparo para a vida espiritual, é atraído pelos familiares, quando estes se recusam a superar a angústia da separação, entrando num processo de fixação mental que o confunde e retém, mesmo quando se disponha a seguir seu caminho no Além.

Por isso, tão importante quanto esclarecer Espíritos que perturbam a família é doutrinar a família, para que não perturbe os Espíritos.

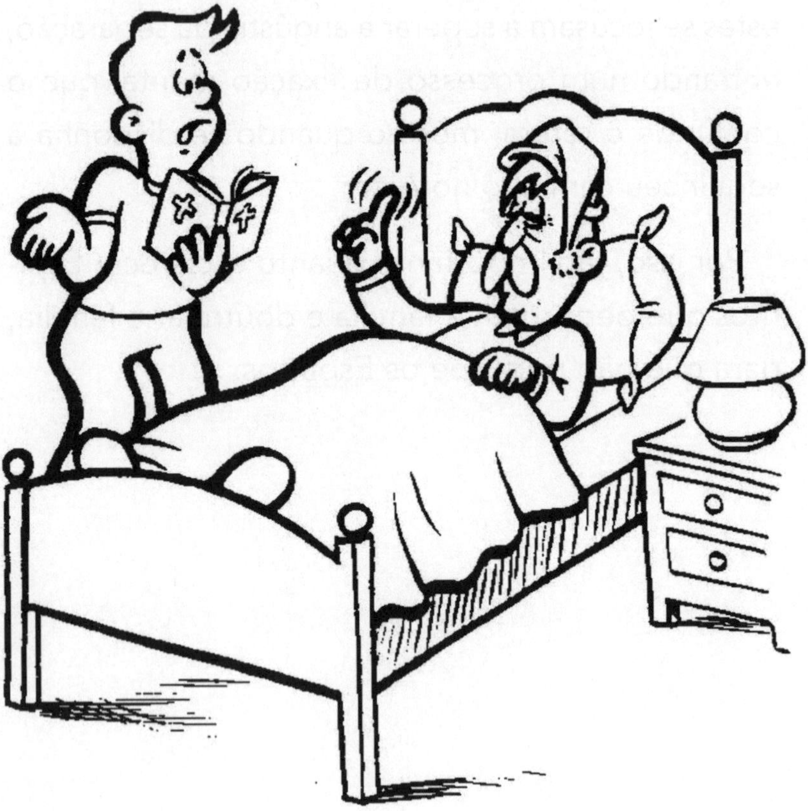

31
O MAIS IMPORTANTE
● ● ● ● ● ● ● ● ● ● ●

Devemos informar o paciente terminal sobre sua situação? Não tem ele o direito de saber que é um condenado à morte? Que sua hora está próxima? Isso não o ajudaria a preparar-se para a grande transição? Difícil responder, porquanto raros se dispõem a encarar o assunto com serenidade.

Medo, insegurança, apego à vida física e à família caracterizam as reações do homem comum diante da morte, criando-lhe sérios embaraços ao desligamento espiritual, como o morador de uma residência em ruínas que se recusasse a admitir a necessidade de deixá-la.

Nas situações mais críticas, é comum o paciente iludir-se a si mesmo, alimentando a esperança de que vai melhorar. Isso ocorre até mesmo com pessoas inteligentes e cultas, com plena condição para compreender que estão no fim.

Integrando um grupo de assistência espiritual, visitei durante algum tempo um doente terminal. Tratava-se de um senhor de avançada idade, com gravíssimos problemas circulatórios. Não obstante enfraquecido e preso ao leito desde que sofrera o último espasmo cerebral, mostrava-se lúcido, recebendo com satisfação o estudo de *O evangelho segundo o espiritismo*, as orações, o passe magnético, a água fluidificada.

Procurávamos, na apreciação da leitura, abordar o problema da morte, situando-a como uma carta de libertação para o Espírito. E destacávamos, delicadamente, que as pessoas idosas estão mais perto da grande transição e deveriam preparar-se para o retorno à Espiritualidade, cultivando desprendimento e confiança em Deus. Entretanto, o doente, embora impossibilitado de falar, movimentava vigorosamente a mão, respondendo com eloquente mímica: "Não! Não pretendia morrer!"

Em outras oportunidades, no cuidado de familiares em idêntica situação, senti essa resistência. Nos momentos cruciais, já bem perto do fim, proclamavam a certeza de que o mal não era tão grave e que, com a ajuda de Deus; poderiam superá-lo.

Forçoso concluir que, se o doente não quer admitir a precariedade de sua condição; se opõe resistência às perspectivas da própria morte: se tenta iludir-se com a ideia de sua recuperação, melhor não o contrariar.

Mais importante será oferecer-lhe carinho e atenção. Os dois extremos da vida são semelhantes. Assim como o recém-nascido, o desencarnante é extremamente dependente, tanto sob o ponto de vista físico como emocional. Precisa de cuidados e, sobretudo, deseja, desesperadamente, sentir que é amado, que as pessoas se preocupam com ele, que não o consideram um peso.

Nada mais triste para o paciente terminal que a solidão, relegado a um leito de hospital, onde os afetos mais caros ao seu coração assumem a postura de visitas. Compareçem emocionados, sensibilizados com sua dor, mas apressados, com compromissos mil. Não compreendem que o seu compromisso maior é estar ao lado daquele Espírito prestes a deixar a Terra, oferecendo-lhe as bênçãos de sua presença, de sua solicitude, de sua consideração!

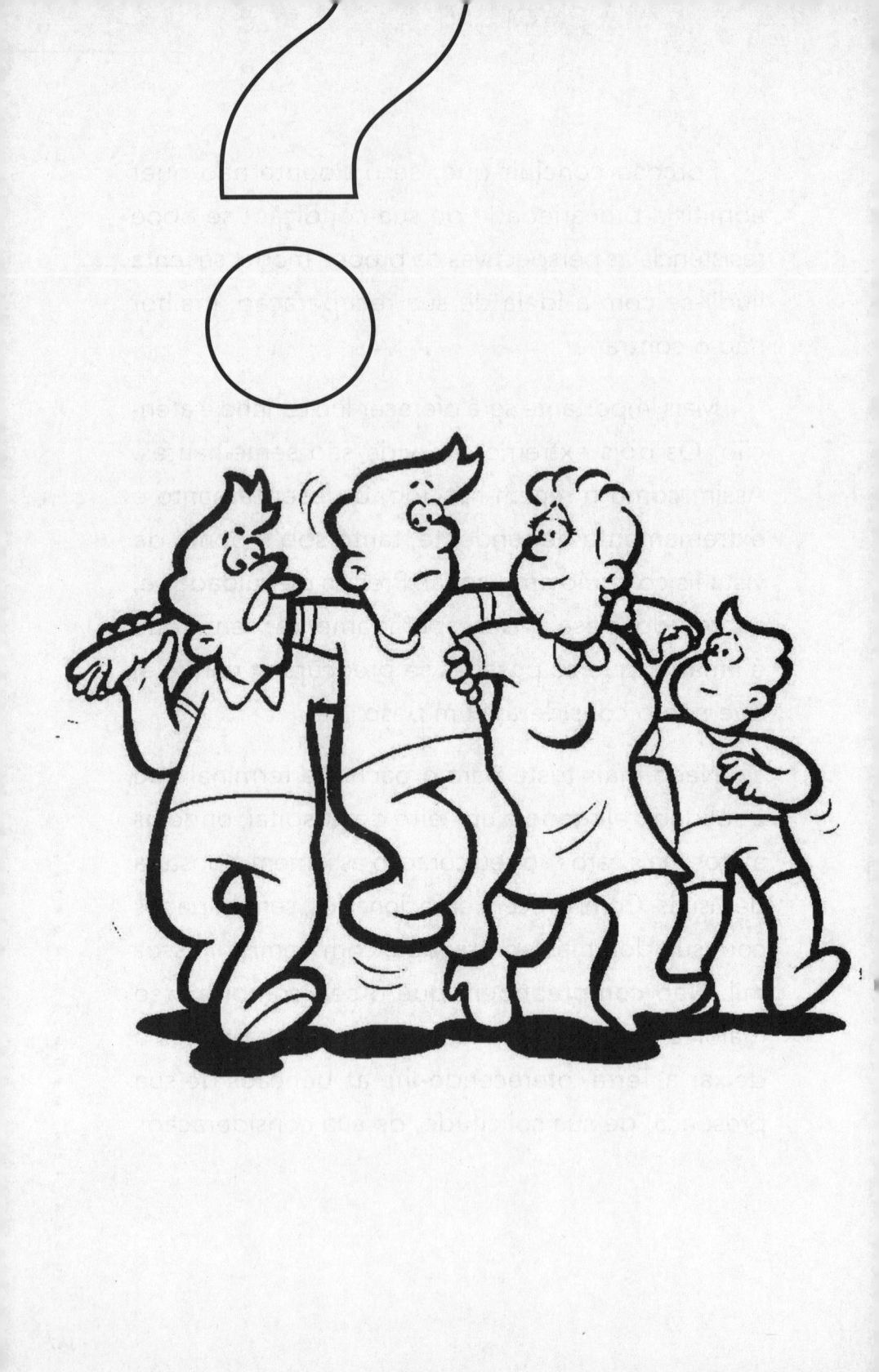

32
RAÍZES DE ESTABILIDADE
● ● ● ● ● ● ●

Segundo pesquisa realizada pela revista *Psychoslogy Today*, o que as pessoas mais temem é o falecimento de um ente querido. Muita gente simplesmente se recusa a cogitar dessa possibilidade, mesmo em relação a familiares idosos. Quanto aos filhos, nem pensar!...

Há uma tendência muito humana de estender raízes de estabilidade emocional essencialmente no solo da afetividade, envolvendo particularmente os familiares. Sentimo-nos mais seguros assim, dispostos a enfrentar as lutas da existência.

O problema é que, diante do falecimento de alguém muito caro ao seu coração, o indivíduo se desequilibra, como se lhe faltasse o chão debaixo dos pés, e desaba em crises de desespero. Por longo tempo se sente mutilado emocionalmente, sem apoio, sem ânimo, sem disposição para viver...

A fim de evitarmos tais prejuízos, é imperioso que aprendamos a conviver com a morte, aceitando-a como experiência evolutiva própria do mundo em que vivemos e que, provavelmente, antes que ela nos venha buscar, levará, dentro de muitos anos ou de alguns dias, um ser amado.

Deveríamos ter sempre "um pé atrás", isto é, cogitar dessa possibilidade, sem morbidez, sem vocação para o pessimismo, apenas exercitando a capacidade de sermos realistas.

Não se trata de assumir fria racionalidade, reduzindo nossas afeições a meras peças que admitamos perder no jogo do destino, mas de buscarmos compreender os mecanismos da Vida, a fim de não nos sentirmos à margem dela, como se não houvesse mais razão para viver, porque o ser amado partiu.

Chegada e partida, convivência e solidão, união e separação, vida e morte, são antíteses existenciais que se repetem no relógio dos séculos, trabalhando nossa personalidade na dinâmica da evolução, de conformidade com os desígnios sábios e justos de Deus.

Por isso, em nosso próprio benefício, é imperioso que estendamos outras raízes de estabilidade emocional, a começar pelo empenho de cumprirmos as finalidades da jornada terrestre. A convivência com entes queridos é importante, mas representa apenas parte das motivações que devemos cultivar. Há outras, inadiáveis, fundamentais: o aprimoramento intelectual e moral, o esforço de autorrenovação, a participação ativa no meio social a serviço do Bem, o desenvolvimento de valores espirituais... Semelhantes iniciativas acendem em nosso peito a chama divina do ideal, que ilumina os caminhos, oferecendo-nos conforto e segurança em todas as situações.

Quando cultivamos o ideal, assumindo a condição de filhos de Deus, criados à Sua imagem e semelhança, desenvolvendo nossas potencialidades criadoras, tornamo-nos mais capazes de amar, relacionamo-nos melhor com os familiares, estreitamos laços de afinidade, mas o desprendimento marcará nossas efusões afetivas, permitindo-nos manter o equilíbrio e a serenidade quando a morte vier buscar alguém de nosso círculo íntimo.

DEVOLUÇÕES

33
JOIAS DEVOLVIDAS
● ● ● ● ● ● ● ● ●

Existe uma palavra-chave para enfrentarmos com serenidade e equilíbrio a morte de um ente querido: submissão.

Ela exprime a disposição de aceitar o inevitável, considerando que, acima dos desejos humanos, prevalece a vontade soberana de Deus, que nos oferece a experiência da morte em favor do aprimoramento de nossa vida.

A esse propósito, oportuno recordar antiga história oriental sobre um rabi, pregador religioso judeu que vivia muito feliz com sua virtuosa esposa e dois filhos admiráveis, rapazes inteligentes e ativos, amorosos e disciplinados.

Por força de suas atividades, certa vez o rabi se ausentou por vários dias, em longa viagem. Nesse ínterim, um grave acidente provocou a morte dos dois moços.

Podemos imaginar a dor daquela mãe!... Não obstante, era uma mulher forte. Apoiada na fé e na inabalável confiança em Deus, suportou valorosamente o impacto. Sua preocupação maior era o marido. Como transmitir-lhe a terrível notícia?!... Temia que uma comoção forte tivesse funestas consequências, porquanto ele era portador de perigosa insuficiência cardíaca. Orou muito, implorando a Deus uma inspiração. O Senhor não a deixou sem resposta...

Passados alguns dias, o rabi retornou ao lar. Chegou à tarde, cansado após longa viagem, mas muito feliz. Abraçou carinhosamente a esposa e foi logo perguntando pelos filhos...

– Não se preocupe, meu querido. Eles virão depois. Vá banhar-se, enquanto preparo o lanche.

Pouco depois, sentados à mesa, permutavam comentários do cotidiano, naquele doce enlevo de cônjuges amorosos, após breve separação.

– E os meninos? Estão demorando!...

– Deixe os filhos... Quero que você me ajude a resolver grave problema...

– O que aconteceu? Notei que você está abatida!... Fale! Resolveremos juntos, com a ajuda de Deus!...

– Quando você viajou, um amigo nosso me procurou e confiou à minha guarda duas joias de incalculável valor. São extraordinariamente preciosas! Nunca vi nada igual! O problema é esse: ele vem buscá-las e não estou com disposição para efetuar a devolução.

– Que é isso, mulher! Estou estranhando seu comportamento! Você nunca cultivou vaidades!...

– É que jamais vira joias assim. São divinas, maravilhosas!...

– Mas não lhe pertencem...

– Não consigo aceitar a perspectiva de perdê-las!...

– Ninguém perde o que não possui. Retê-las equivaleria a roubo!

– Ajude-me!...

– Claro que o farei. Iremos juntos devolvê-las, hoje mesmo!

– Pois bem, meu querido, seja feita sua vontade. O tesouro será devolvido. Na verdade, isso já foi feito. As joias eram nossos filhos. Deus, que no-los concedeu por empréstimo, à nossa guarda, veio buscá-los!...

O rabi compreendeu a mensagem e, embora experimentando a angústia que aquela separação lhe impunha, superou reações mais fortes, passíveis de prejudicá-lo.

Marido e mulher abraçaram-se emocionados, misturando lágrimas que se derramavam por suas faces mansamente, sem burburinhos de revolta ou desespero, e pronunciaram, em uníssono, as santas palavras de Jó:

Deus deu, Deus tirou. Bendito seja o Seu santo nome.

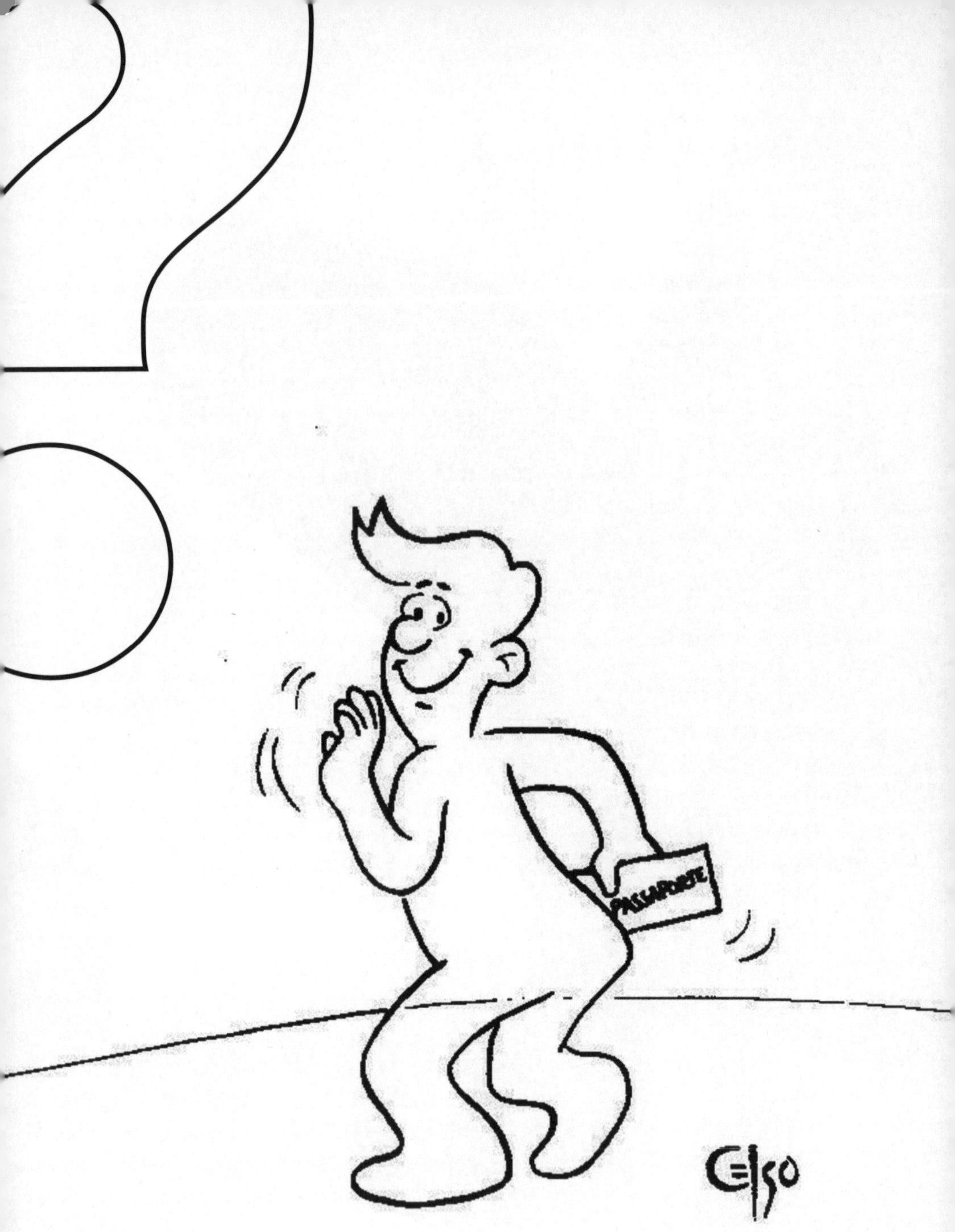
PASSAPORTE
Celso

34
PASSAPORTE
● ● ● ● ● ● ●

Aprende a bem viver e bem saberás morrer.

(CONFÚCIO)

Após a apresentação da palestra sobre a morte, numa cidade do Rio Grande do Sul, quando eu respondia perguntas do público, uma jovem comentou.

> *O tema me impressiona sobremaneira. Por isso compareci a esta reunião, mesmo não sendo espírita. Devo confessar, entretanto, que após seus esclarecimentos, eu, que sempre senti medo da morte, agora estou apavorada!...*

Felizmente essa pitoresca confissão é uma exceção. Como o medo da morte decorre, geralmente, da falta de informação, tenho constatado que muitas pessoas se habilitam a encará-la com serenidade, quando tomam conhecimento do assunto.

Imperioso reconhecer, entretanto, que somente nos livraremos em definitivo de temores e dúvidas quando nos ajustarmos às realidades espirituais descortinadas pela Doutrina Espírita, procurando definir o significado da experiência humana.

Espíritos eternos, transitoriamente encarcerados na carne, não podemos esquecer que nossa morada definitiva, legítima, situa-se no Plano Espiritual, onde ampliaremos nossos estágios na medida que superarmos os imperativos de encarnação em mundos densos como a Terra, onde as dificuldades e limitações existentes funcionam como lixas necessárias a desbastar nossas imperfeições mais grosseiras.

Se fazemos da reencarnação uma estação de férias, marcada pelo acomodamento e pela indiferença; se a concebemos como um cassino para irresponsável jogo de emoções; se pretendemos um céu artificial sustentado por vícios e paixões; se cultivamos bem-estar e segurança no solo enganoso dos interesses imediatistas, alienados dos objetivos da existência, fatalmente sentiremos medo de morrer. Afinal, tudo isso ficará para trás. E algo nos diz, no mais íntimo de nosso ser, que nos será cobrado o comprometimento da vida e o despreparo para a morte.

Aqueles que transitam distraídos das finalidades da jornada reencarnatória constatarão, desalentados e tristes, que a Morte, anjo libertador que deveria descortinar-lhes maravilhosos horizontes espirituais, apenas revela os pesados grilhões que colocaram em si mesmos, por fazerem da existência um exercício de inconsequência, procrastinando o esforço da própria renovação.

Em nosso benefício, é fundamental que desenvolvamos uma consciência de eternidade, reconhecendo que não somos meros aglomerados celulares dotados de inteligência, seres biológicos que surgiram no berço e desaparecerão, aniquilados, no túmulo.

Somos Espíritos eternos! Já existíamos antes do berço e continuaremos a existir após o túmulo! É preciso viver em função dessa realidade, superando mesquinhas ilusões a fim de que, livres e firmes, busquemos os valores inalienáveis da virtude e do conhecimento, nosso passaporte para as gloriosas moradas do Infinito!

Difícil definir quando seremos convocados para o Além. A morte é como um ladrão. Ninguém sabe como, quando e aonde virá. O ideal é estarmos sempre preparados, vivendo cada dia como se fosse o último, aproveitando integralmente o tempo que nos resta, no esforço disciplinado e produtivo de quem oferece o melhor de si mesmo em favor da edificação humana. Então, sim, teremos um feliz retorno à pátria espiritual, como sugere o velho provérbio oriental:

> *Quando nasceste, todos sorriam, só tu choravas. Vive de tal forma que, quando morreres, todos chorem, e só tu sorrias!*

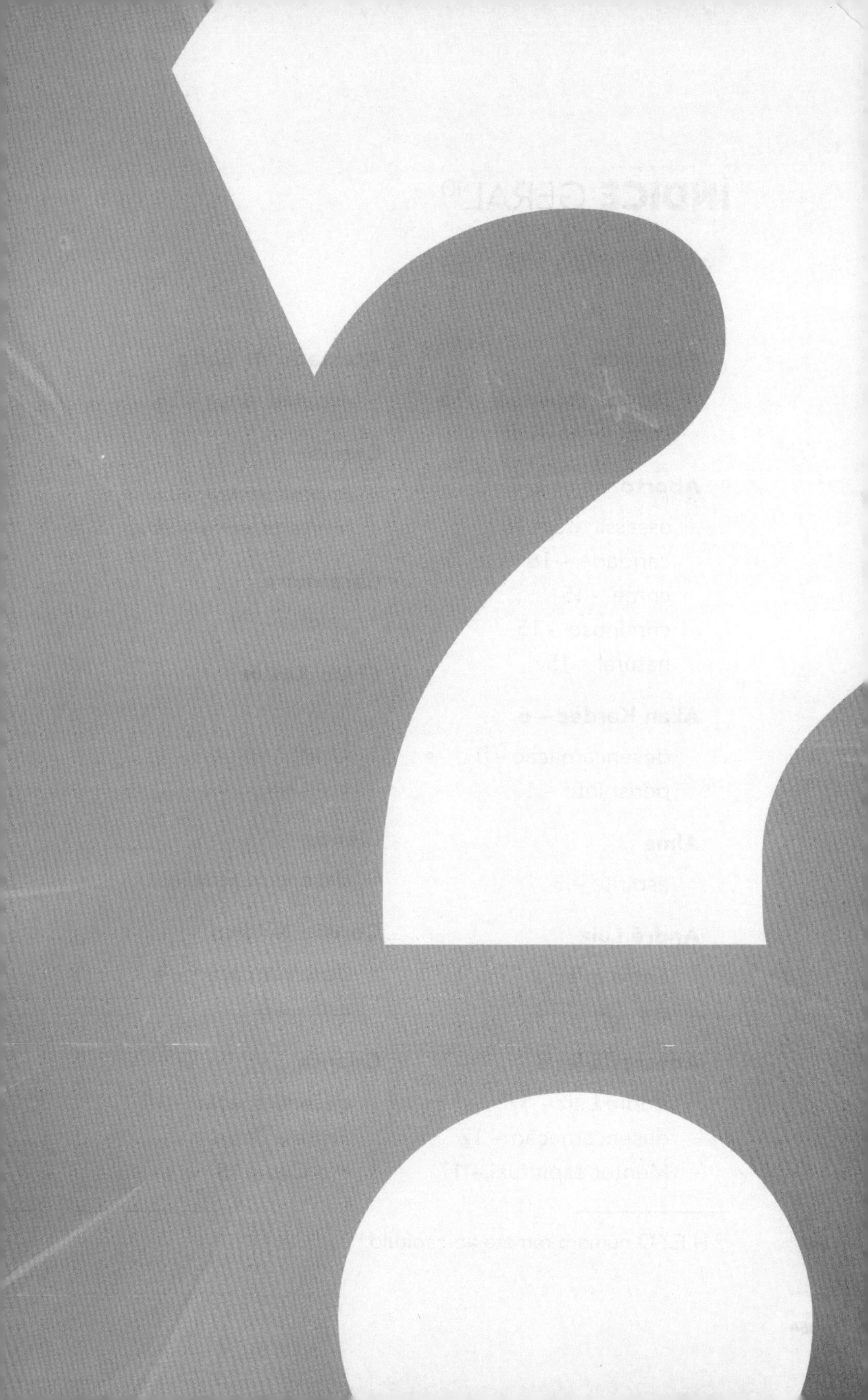

ÍNDICE GERAL[10]

Abortado
    Mundo Espiritual – 15
    sofrimento – 15

Aborto
    assassinato – 16
    caridade – 16
    crime – 15
    criminoso – 15
    natural – 15

Allan Kardec – 6
    desencarnação – 1
    perispírito – 1

Alma
    espírito – 3

André Luiz
    Entre a Terra e o Céu – 13

Anestesia letal
    André Luiz – 17
    desencarnação – 17
    Mentor espiritual – 17

Atestado de óbito
    sepultamento – 18

Carma
    imprudência – 20
    morte coletiva – 20

Carpideira
    velório – 21

Chico Xavier
    livro – 11
    Entre a Terra e o Céu – 13

Ciência
    desencarnação – 5

Cordão fluídico
    desencarnação – 4
    uso – 19

Criança
    desencarnação – 14
    Entre a Terra e o Céu – 13

---

[10] N.E.: O número remete ao capítulo.

Culpa
  complexo – 16
  Desencarnação
  Allan Kardec – 1
  perispírito – 1

Desencarnação
  ajuda – 4
  atestado de óbito – 18
  ciência – 5
  cordão fluídico – 4
  criança – 13
  desligamento – 10
  despreparo – 7
  despreparo – 9
  dia – 19
  enfarte – 10
  enfarte – 10
  espírita – 7
  família – 8, 11
  funções vitais – 18
  inconsciência – 7
  lamentações – 8
  mérito – 3
  oração – 9
  rememoração – 6
  sepultamento – 18
  serenidade – 11
  tragédia – 11

Destino
  reencarnação – 14

Enfarte
  desencarnação – 10

Enterro
  solidão – 21

Entre a Terra e o Céu
  Amaro – 13
  André Luiz – 13
  Chico Xavier – 13
  criança – 13

Erro
  consciência – 16

Espiritismo
  expiação – 2

Eutanásia
  Espiritismo – 17
  Francis Bacon – 17
  morte feliz – 17
  Obreiros da
  Vida Eterna – 17

Fé
  razão – 1

Francis Bacon
  eutanásia – 17

Homem trino
  Allan Kardec – 3

Imprudência
desastre – 20

Infância
desencarnação – 13

Jerônimo
trauma – 18

Letargia
funções vitais – 18

Misericórdia
sacrifício – 16

Morte
emoção – 19
indagações – 1
momento – 19
religião – 2
temores – 1
vícios – 19

Morte coletiva
carma – 20

Morte violenta
perispírito – 12

Mundo Espiritual
abortado – 15

Obreiros da Vida Eterna
eutanásia – 17

Oração
desencarnado – 9 , 11
suicida – 12

Paulo de Tarso
aguilhão – 1

Perispírito
Allan Kardec – 1
desencarnação – 3
individualidade – 3

Perispírito
morte violenta – 12
suicídio – 12

Razão
condição – 2
função – 3

Reencarnação
destino – 14
sofrimento – 14

Ressuscitação – 5

Roleta russa
fatalidade – 20
roleta paulista – 20
suicidio inconsciente – 20

Sacrifício

Corpo
misericórdia – 16

Sentimentos
vida material – 19

Sepultamento
atestado de óbito – 18

Sono
morte – 7

Suicídio
oração – 12

perispírito – 12
sofrimento – 12

Terra
condição – 3

Tragédia
desencarnação – 11

Velório
carpideira – 21
desrespeito – 21
desencarnado – 21
esperança – 22
ideal – 22
oração – 22

Vício
morte – 19

Vida espiritual – 6

Vida material
abreviação – 19
sentimentos – 19
vícios – 19

www.febeditora.com.br
/febeditora /febeditoraoficial /febeditora

Conselho Editorial:
Jorge Godinho Barreto Nery – Presidente
Geraldo Campetti Sobrinho – Coord. Editorial
Cirne Ferreira de Araújo
Evandro Noleto Bezerra
Maria de Lourdes Pereira de Oliveira
Marta Antunes de Oliveira de Moura
Miriam Lúcia Herrera Masotti Dusi

Produção Editorial:
Elizabete de Jesus Moreira
Luciana Vecchi M. Cunha

Revisão:
Sheila da Costa Oliveira

Originais:
Editora CEAC

Ilustrações:
Celso da Silva

Capa, Diagramação e Projeto Gráfico:
César Oliveira

Normalização Técnica:
Biblioteca de Obras Raras e Documentos Patrimoniais do Livro

Esta edição foi impressa pela Gráfica e Editora Qualytá Ltda., Brasília, DF, com tiragem de 3 mil exemplares, todos em formato fechado de 155x230 mm e com mancha de 105x180 mm. Os papéis utilizados foram o Off white bulk 58 g/m² para o miolo e o Cartão 250 g/m² para a capa. O texto principal foi composto em Georgia 13/18 e os títulos em Baskerville Old Face 40/41. Impresso no Brasil. *Presita en Brazilo.*